Mahlke/Schwarte · Raum für Kinder

Wolfgang Mahlke/Norbert Schwarte

RAUM FÜR KINDER

Ein Arbeitsbuch zur Raumgestaltung
in Kindergärten

Beltz Verlag · Weinheim und Basel 1989

CIP-Titelaufnahme der Deutschen Bibliothkek

Mahlke, Wolfgang:
Raum für Kinder : ein Arbeitsbuch zur Raumgestaltung in
Kindergärten / Wolfgang Mahlke ; Norbert Schwarte. –
Weinheim ; Basel : Beltz 1989
   (Beltz Praxis)
   ISBN 3-407-62123-X
NE: Schwarte, Norbert:

© 1989 Beltz Verlag · Weinheim und Basel
Lektorat: Richard Grübling
Herstellung (Desktop Publishing): Klaus Kaltenberg
Druck und buchbinderische Verarbeitung: Druckhaus Beltz, 6944 Hemsbach
Umschlaggestaltung: Atelier Warminski, 6470 Büdingen 8
Fotos: Joachim Koch, Kleinrinderfeld
Zeichnungen: Wolfgang Mahlke, Kinderzeichnungen: Sammlung Wolfgang Mahlke
Umschlagmotiv: Kindergarten St. Annaberg, Bingen
(Entwurf: Wolfgang Mahlke. Planung und Ausführung: Architekturwerkstatt Würzburg)
Printed in Germany

ISBN 3407 62123 X

Inhalt

Vorwort

Der Eindruck, es herrsche wieder Ruhe im Land, drängt sich auf, wenn man von 1989 aus auf das Jahrzehnt zwischen 1965 und 1975 zurückblickt. Damals stand der Kindergarten wie nie zuvor und auch danach nicht mehr im Blickpunkt eines breiten, nicht nur fachöffentlichen Interesses. Kinderladenbewegung, antiautoritäre Erziehung, Frühlesetraining, kompensatorische Erziehung, Vorschulprogramme waren Stich- und Schlagworte, die leidenschaftlich diskutiert wurden. Bei aller Verschiedenheit im einzelnen: zur Debatte standen insgesamt optimistisch gestimmte Zukunftsentwürfe. Die scheinen nun ausgegangen. Die Bewältigung des schwieriger gewordenen Alltags bestimmt heute, weitgehend ohne breitere öffentliche Resonanz, das vielerorts resignativ geführte Fachgespräch. Die Stichworte hierfür lauten: Kostendämpfung, Investitionsstop, Rücknahme freiwilliger Leistungen, weil die Kommunen an die Grenzen ihrer Leistungsfähigkeit gekommen sind, Zunahme von Verhaltensauffälligkeiten bei den Kindern, Verunsicherung hinsichtlich der Erziehungsziele, aber auch Rückzug auf das scheinbar Bewährte. Es werden wieder Fleißbildchen zum Muttertag produziert, Papierdeckchen geflochten, und vom Situationsansatz des reformierten Kindergartens ist oftmals nicht mehr geblieben als der alljährliche Gang zum Bäcker und zur Feuerwehr.

Wenn überhaupt noch Zeit, Kraft und Engagement bleibt, über den Tag hinaus zu denken, zeichnen sich in der Diskussion über die vorschulische Erziehung die folgenden vier Problemkreise ab: Zum einen geht es um die Frage der Integration, bzw. der integrativen Erziehung, d.h. der gemeinsamen Erziehung von behinderten und nicht behinderten Kindern, von deutschen und Kindern anderer Nationalität; einer Integration, die die Unterschiede nicht wegleugnet, sondern aushält. Mit der Frage nach der integrativen Erziehung hängt die weitergreifende Frage nach der Herstellung von Friedensfähigkeit, von Solidarität mit den Schwächeren zusammen. Beides wird in Zukunft gefragter sein als je zuvor.

Zum zweiten geht es auch in der Vorschulerziehung um die Frage, wie lebendige Beziehungen zur Natur, zur Umwelt und Mitwelt hergestellt werden können. Mit den derzeit geläufigen Curricula für den Biologieunterricht sicher nicht. Tätige Verantwortung entwickelt sich nur aus Erkenntnissen, die im liebenden Umgang mit der Natur gewonnen werden.

Zum dritten geht es darum, Wege zu finden, wie Kinder mit den neuen Medien umzugehen lernen. Immer häufiger berichten alles andere als kulturpessimistische Lehrer und Erzieher von Kindern, deren intensiver Medienkonsum zutreffend als gesellschaftlich tolerierte Droge einzuschätzen ist: Realität scheint da nur noch gültig und erträglich, sofern und soweit sie über Bildschirm und Walkman kommt. Die Überfülle medialer Sekundärerfahrungen entfaltet offenkundig weder Leidenschaft noch Empathie. Beides aber wird in Zukunft überlebensnotwendig sein. Schließlich sind unsere Kindheitsentwürfe brüchig geworden. »Ende der Kindheit« und »Ende der Erziehung« signalisieren als Stichworte zumindest die Notwendigkeit, sich darüber intensiver Gedanken zu machen als in der Form larmoyanter Essays, über die alsbald hinweggelesen wird. Alle Entwürfe stehen dabei unter der Prämisse, die Hartmut von Hentig an den Anfang seiner Lessingpreisrede im Juni 1986 gesetzt hat: »Kinder auf eine Welt vorzubereiten, die man selbst nicht bewältigt und darum nicht verantworten mag, geht nicht.« (FR v. 24.7.86, 13)

Von all dem handelt dieses Arbeitsbuch nicht. Zumindest nicht auf den ersten Blick. Aber das hier Angerissene gibt gewissermaßen den Hintergrund ab für das, was im folgenden über die Gestaltung von Kindergartenräumen gesagt wird. Es thematisiert, was lange Zeit vernachlässigt war: den Raum als unabdingbares Erfahrungsfeld der Sinne, das Entwicklung fördert oder hemmt, Pädagogik begünstigt oder erschwert. Kindergartenerziehung ist heute fast immer, was Paul Moor der Heilpädagogik als Aufgabe zuwies: Erziehung unter erschwerten Bedingungen. Dazu tragen unzulängliche Räumlichkeiten erheblich bei. Verbesserungen werden sich nur erreichen lassen, wenn deutlich wird, daß die Gestaltung von Räumen zu pädagogischen Zwecken erst zuallerletzt »Geschmacksache« ist.

Einige Hinweise zum Aufbau des Buches: Einleitend gehen wir eigenen Raumerfahrungen nach, um von daher Ansatzpunkte für das hier dargestellte Konzept der Raumgestaltung zu entwickeln. Diese Einleitung will ausdrücklich auch den Leser dazu anstiften, sich der eigenen Raumerfahrungen retrospektiv zu vergewissern. Das folgende Kapitel greift die Perspektive der Kinder auf, interpretiert, wo und wie Raumvorstellungen in Kinderzeichnungen vorkommen und trägt in der gebotenen Kürze vor, was wir als Erwachsene über das Raumerleben von Kindern wissen sollten. Das folgende Kapitel, »Raumgliederung durch Einbauten«, verdeutlicht anhand verschiedener Beispiele konzeptionelle Aspekte der Raumgestaltung, während das Kapitel »Raumaneignung durch Tätigkeit« vor allem den Prozeß der Herstellung von Einbauten und die Möglichkeiten aktiver Mitwirkung durch Eltern, Erzieher und Kinder beinhaltet. Der Frage, wie sich Spiel und Betätigung in durch Einbauten gegliederten Räumen entfalten können, geht das anschließende Kapitel nach. Der Abschnitt »Grammatik der Raumgestaltung« behandelt Zusammenhänge zwischen Raum und Fläche, den Einfluß von Licht und Farbe auf die Stimmigkeit von Räumen, Probleme der Akustik sowie Aspekte der Verwendung verschiedener Materialien, die als Mittel der Integration und Differenzierung in Betracht kommen. Häufig gegebenen schwierigen Ausgangssituationen in Kindertagesstätten geht der Abschnitt »Besondere gestalterische Probleme« nach, während die daran anschließenden Exkurse über »Kinderräume in Krankenhäusern« und »Einbauten in einer Schülerbibliothek« auf mögliche Weiterungen des Konzepts hinweisen, die in mittelbarem Zusammenhang mit der Raumgestaltung in Kindertagesstätten zu sehen sind. Werktechnische Hinweise fassen noch einmal knapp zusammen, was zuvor, auf Beispiele bezogen, ausgeführt worden ist.

Wir wünschen diesem Buch eine möglichst heterogen zusammengesetzte Leserschaft: Eltern, Erzieher, Architekten, Planer, Mitglieder von Bauausschüssen bei Trägern von Kindertagesstätten, Lehrende und Studierende an sozialpädagogischen Ausbildungsstätten.

Am Zustandekommen dieses Buches waren viele Menschen beteiligt, denen wir uns dankbar verbunden fühlen. Stellvertretend nennen möchten wir Peter Reinhardt, Gertrud Fiala und Angela Kleinfeld von der Architekturwerkstatt Würzburg, den Designer und Puppenspieler Norbert Böll, den Fotografen Joachim Koch, die Ordensfrauen Tamara Grünthaler, Cornelia Schüßler und Theogaris Korflür, weil sie zu den ersten gehörten, die ihre Kindergärten dem hier vorgestellten Raumgestaltungskonzept öffneten, den Studierenden des Heilpädagogischen Seminars Würzburg und seinem Leiter, Dr. Peter Flosdorf, den Studenten und Studentinnen der Universität Siegen, die im Sommersemester 1986 an dem Seminar »Raum für Kinder« teilgenommen haben und im Anschluß daran bereit waren, an einem Raumgestaltungsprojekt in einem sozialen Brennpunkt praktisch zu arbeiten; ferner Erika Mörchen und Marlen Seiffert, deren ordnende Hand bei der Texterstellung unverzichtbar war sowie dem Beltz Verlag, der nach dem 1985 publizierten Buch »Wohnen als Lebenshilfe« bereit war, auch dieses Arbeitsbuch verlegerisch zu betreuen.

Vor allem danken wir unseren Frauen, Kindergärtnerin die eine, Lehrerin die andere, die unsere Arbeit sachkundig begleitet haben. Ohne das fortwährende Gespräch mit ihnen wäre das Buch nicht zustande gekommen.

Wolfgang Mahlke, Brunntal
Norbert Schwarte, Siegen

Einleitung: Ein Gespräch über Kindheit und Raumerleben

»Der Raum, der dem Kind zu seinem Entwicklungsspiel angeboten wird, muß seinen Lebensprozessen aufs genaueste entsprechen. Eine bauliche Umweltplanung ist nur dann kindgemäß, wenn sie Projektion und Provokation seiner Prozesse ist. Mit anderen Worten: die auf das Kind bezogene Architektur hat die raumzeitliche Ermöglichungsform der Entwicklungsprozesse des Kindes zu sein.«
(H. Kükelhaus, 1979, 55f.)

N.S.: Wir haben durchaus unterschiedliche Zugänge zum Konzept der Raumgliederung durch Einbauten, und unser Interesse am Raum, am Raum für Kinder zumal, hat nicht zuletzt einen je spezifischen biographischen Hintergrund. Wir sollten versuchen, zunächst diesen Hintergrund freizulegen.

W.M.: Ja, das Thema »Raum für Kinder« ist nicht nur unendlich facettenreich, es ist auch intim insofern, als es von den Eindrücken der frühen Kindheit wesentlich bestimmt wird. Was mich in meinem Verhältnis zur Welt mehr geprägt hat, die Räume oder die Menschen, ich weiß es nicht; je länger ich darüber nachdenke, um so mehr kommt mir diese Trennung auch künstlich und unrealistisch vor. Wir erleben Menschen ja immer nur im Zusammenhang mit Räumen, und im günstigsten Falle stimmen sie zusammen. Aber das ist selten, es überwiegt das bizarre Gegeneinander.

N.S.: Und im pädagogischen Raum wohl auch dessen Negation, so als könne Erziehung an jedem beliebigen Ort stattfinden. Eine wahrhaft utopische, nämlich ortlose Vorstellung. Über die Bedeutung und Wertigkeit des Raumes im Leben von Kindern könnten Architekten, Planer und Pädagogen sehr viel lernen, wenn sie auf die Räume, die sich Kinder selbst bauen, genauer und auch respektvoller hinschauen würden: auf Höhlen, Verstecke, Puppenecken, Hütten.

W.M.: Meine frühen Raumerfahrungen sind von Gegensätzen geprägt, von der Kindheit in einem östlichen Vorort Berlins und von der Schulzeit in Berlin-Lichtenberg, wo Heinrich Zille gelebt und gezeichnet hat. Im Kindergarten war ich nicht. Meine Mutter und alte Verwandte aus Westpreußen, zu denen ein sehr herzliches Verhältnis bestand, haben mich aufgezogen. Ich verdanke es wohl vor allem diesen immer beschäftigten, im Garten und im Haus bauenden Verwandten, daß ich gerne tätig bin, nicht nur Räume für Kinder plane, sondern auch bei der Gestaltung dieser Räumlichkeiten am liebsten selbst mitmache. Ich erinnere mich, daß ich als kleiner Junge meinem alten Großonkel, wenn er Bretter sägte, den Holzstaub von seinem Bleistiftstrich weggepustet habe. In der Erinnerung ist das für mich ein faszinierendes Spiel gewesen und für den Onkel eine durchaus hilfreiche Betätigung. Und er ließ mich spüren, daß das, was ich tat, für ihn nützlich war. Ich glaube, es sind diese frühen Erfahrungen, die mir heute den Mut geben,

Kinder und auch behinderte Menschen ganz selbstverständlich aktiv einzubeziehen, wenn Räume für sie entstehen.

N.S.: Für mich hatte der Großvater eine ähnliche Bedeutung. Er war Handwerker, hatte seine Werkstatt an einem Hof, auf den noch Wohnhäuser und Gärten hinausliefen. Und es war ganz selbstverständlich, daß die Kinder dort an den Arbeiten der Erwachsenen in Haus, Hof, Garten und Werkstatt teilhatten. Ich erwähne das nicht, um nostalgische Stimmungen heraufzubeschwören, sondern weil an dieser, für die Nachkriegszeit noch typischen Wohn-, Spiel- und Arbeitssituation deutlich wird, welch radikaler Wandel sich innerhalb weniger Jahrzehnte vollzogen hat, und wie die Räume, in denen Kinder vielseitig angeregt und tätig aufwachsen können, beschaffen sein sollten. Es ist vor allem die Struktur solcher multifunktionalen Mischquartiere, die, wo sie noch vorhanden ist, erhalten und ansonsten, wie ich meine, wo immer möglich wieder hergestellt werden muß. Gemeinwesenintegrierte, auf vielfältige Betätigung hin angelegte und nicht mehr nach Altersklassen differenzierende Kindergärten – die dann freilich so nicht mehr heißen sollten – könnten solche Aufgaben in Zukunft durchaus übernehmen. Die naturwüchsige Ausgrenzung von Kindern in Innen- wie in Außenräumen einfach hinzunehmen oder wehleidig als Zeichen für das Ende der Kindheit und der Erziehung zu beklagen, wie dies in der gegenwärtigen Diskussion häufig der Fall ist, halte ich für verfehlt. Undefinierten, nicht zweckbestimmten Räumen kommt in diesem Zusammenhang sicher eine große Bedeutung zu. Martha Muchow hat darauf schon zu Beginn der 30er Jahre für den großstädtischen Lebensraum aufmerksam gemacht, und wenn ich diese Überlegungen auf meine eigene Kindheit übertrage, so sind es in der Rückerinnerung vor allem die Trüm-

mergrundstücke der späten 40er und frühen 50er Jahre, die, herrenlos und undefiniert, wie sie waren, auch dem Großstadtkind schier grenzenlose Spielmöglichkeiten boten. Städtebaulich fortschrittlich wäre es m.E., wenn in den heutigen Wohnquartieren Grundstücke, die sich im Gemeindeeigentum befinden, bewußt brach liegen gelassen würden, um sie ähnlich, wie das der holländische Architekt Le Roy gezeigt hat, verwildern zu lassen. Hier könnten Spielräume im Nahbereich von Wohnquartieren entstehen, die der Armseligkeit der heute üblichen Spielplätze weit überlegen wären.

W.M.: Unser Garten und die Märkische Heide haben mich die Differenziertheit in der Natur lieben gelehrt. Ich erinnere mich, wie ich zu den Phloxblüten hinaufgehoben wurde, um einen Ligusterschwärmer genau beobachten zu können. Auf solche Erlebnisse möchte ich mich beziehen, wenn ich an Kinder in natürlicher Umgebung, aber auch in pädagogisch gestalteten Räumen, wie in Kindergärten und Kindertagesstätten denke. Es war die Freundlichkeit, die Wärme, die mir damals angemessene Differenziertheit der Welt, in die ich als Kind aufgenommen war und um die ich mich heute bei der Planung von Innen- und Außenräumen für Kinder bemühe. Im krassen Gegensatz zu dieser Geborgenheit stand alles, was dann mit der Lichtenberger Schulzeit zusammenhing: der neoklassizistische rote Backsteinbau des Realgymnasiums, die öden Klassenräume mit den unzähligen Schwammflecken an den Wänden, das Drängen der Schülermassen nach den Pausen durch die Pforte, von der – Tücke des Objekts oder vorbedacht – ein Flügel immer geschlossen war. Daß ich solche Zustände später als Lehrer wieder vorfand, hat bewirkt, daß ich, wo es möglich war, Schulhäuser und ihr Umfeld versucht habe, in einen menschenwürdigeren

Zustand zu versetzen. Wie oft ist mir gesagt worden, wenn ich für Kindergärten geplant habe, die Räume dürften nicht zu attraktiv werden, weil sonst der Übergang zur Schule zu bitter sei. Die Schule – immer noch als Gruselkabinett zu erfahren, nicht als ein Ort im Gemeinwesen, der Nahes und Fernes, Heimat und Welt zusammenführt und so, wie Hartmut von Hentig dies genannt hat, »die Sachen klärt und den Menschen stärkt«.

N.S.: Erstaunlich ist für mich die Kontinuität in der notorischen Unempfindlichkeit gegenüber Räumen, die pädagogischen Aufgaben gewidmet sind, seien es nun Kindergärten oder Schulen. Ungepflegte Topfpflanzen in ausrangierten Umtöpfen auf wasserfleckigen Fensterbänken, Kalenderbilder an der Wand und Poster, deren Herkunft aus kostenlos gereichten Apotheker- und Bäckerkundenzeitschriften unverkennbar ist, sind symptomatisch. Höchst selten, daß ein Lehrer oder eine Erzieherin an den Arbeitsplatz etwas mitbringt, das für sie subjektiv und auch objektiv wirklich von Wert ist und den ästhetischen Kriterien genügt, die für den eigenen Wohnbereich selbstverständlich reklamiert werden. Aber auch im privaten Wohnbereich geht es Kindern zumeist nicht besser: Im Kinderzimmer sammelt sich an, was aus dem Wohnzimmer als unmodern, ausgedient, verschlissen ausgesondert wird, ergänzt um Billigmöbel, die nicht einmal vortäuschen, was den Deutschen sonst in den eigenen vier Wänden so wichtig ist: Gediegenheit. Aus der Perspektive des Lehrers, des Erziehers, aber auch aus der Perspektive der Kinder bleiben

Kindergarten und Schule vielfach fremd, weil sie höchstens über den Weg der Destruktion Eingriffsmöglichkeiten bieten. Einbauten, so wie wir sie hier vorstellen, haben für mich vor allem auch die Funktion der aktiven Aneignung von Orten, an denen Erwachsene und Kinder leben, arbeiten und lernen. Dies allerdings ist nur dann herzustellen, wenn die Aneignung tätig erfolgt.

W.M.: Und wird nur in dem Maße gelingen, in dem eine neue Sensibilität gegenüber Raumfragen durch qualitative Veränderungen in der Form aktiver Eingriffe zustande gebracht wird. Erst dann besteht die Chance, die gegenwärtig vorherrschende Dürftigkeit pädagogisch genutzter Räume, die vor allem auch Langeweile erzeugt, zu überwinden. Selten nur befinden sich in Schulen und Kindergärten Raumdetails, die es lohnen, mit dem Auge länger auf ihnen zu verweilen.

W.M.: Als Schüler habe ich Tiere gezeichnet und dazu in den letzten Schuljahren oft den Zoologischen Garten in Berlin besucht. Daran konnte ich 10 Jahre später, nach Militärdienst und Gefangenschaft, in meiner Münchener Akademie-

zeit wieder anknüpfen. Ich erinnerte mich, wie sehr ich mich auf solche Besuche gefreut hatte, obwohl ich es dann sehr oft im Zoo nicht wagte, das Zeichenpapier aus der Tasche hervorzuholen. Das Schauen hat mich fasziniert, und ich empfinde auch jetzt noch Verzagtheit, in der Gestaltung hinter den Vorstellungen weit zurückzubleiben.

Das Ansehen von Tieren, die tastende Wahrnehmung eines Kopfes, eines Auges ist die Begegnung mit der Ewigkeit. Das ist nicht Liebe zur Kreatur, sondern das Sein der Kreatur, das ich erlebe. Wenn man Räume für Menschen, besonders für Kinder denkt, muß man auf irgendeinem Wege zur Wahrnehmung der Schöpfung gelangen. Schöp-

fung heißt für mich nicht, dieser oder jener Gegenstand, sondern der Gegenstand *und* seine Distanzen. Das ist der Raum. Wenn man portraitiert, gibt man sich der gleichen Tätigkeit hin wie beim Zeichnen von Tieren. In den Kriegs- und Gefangenschaftsjahren hatte ich dazu vielfach Gelegenheit. Zum Portraitieren war ich im Hause eines ukrainischen Bauern. Die Sinngestalt eines Hauses ist mir dort klar geworden. Das Blockhaus war dieser Bauer mit seiner Familie, nur in anderer Substanz. Im Russischen gibt es ein Sprichwort, übersetzt heißt es: Wenn ein Gast im Hause ist, ist Gott im Haus. Gast, Gott und Haus werden in Beziehung gesetzt. Sicher liegt der Akzent primär auf dem Verhältnis von Gast und Gott, aber doch auch auf dem von Gast und Gott zum Haus. Auf solche russi-schen Bauernhäuser und die Gastfreundschaft ihrer Bewohner trifft das Sprichwort zu, und es ist mir wichtig zu sagen, daß ich diesen lebendigen Zusammenhang zuerst in einem russischen Haus erfahren habe. Die Zeichnung von diesem Haus und einem der Kinder, die darin lebten, sind mir erhalten geblieben.

N.S.: Da wird, denke ich, der Zusammenhang zwischen äußerem Raum und seelischem Innenraum, innerer Erfahrung deutlich, den Goethe gemeint hat: »Müsset im Naturbetrachten immer eins wie alles achten, nichts ist drinnen, nichts ist draußen, denn was innen, das ist außen ...« Und wenn wir Goethes Haus am Weimarer Frauenplan anschauen, wird deutlich, wie sehr er sich bemühte, in der Gestaltung des Hauses die Wirkung von Farben, Formen und Proportionen auf das Gemüt zu berücksichtigen. Die weltbürgerliche Attitüde des Klassikers, sein ausgeprägtes Bemühen um Selbstrepräsentanz verstellt den Blick für diese gewissermaßen stilleren Tatsachen, verdirbt das Interesse an der Alternative zur spießbürgerlichen Gemütlichkeit, die ja auch im Biedermeier ihren Ausgang nimmt und als Gestaltungsziel die Frage nach der gemüthaften Wirkung längst verniedlicht und überspielt hat.

W.M.: Die raumschaffende Wirkung von Licht und Schatten, auch farbigen Schatten, um Goethe aufzugreifen, verdient mehr Beachtung als ihr gegenwärtig in der Gestaltung von Kindergärten, Kindertagesstätten und Schulen gewidmet wird. Die Forderung, daß solche Räume vor allem hell zu sein hätten, auf daß sie mit der Helligkeit wie von selbst auch freundlich würden, verkürzt die Problematik der Lichtführung ganz unangemessen. Wenn man genauer hinschaut, stimmt die Gleichung hell = freundlich nicht, besonders dann, wenn damit die übliche Vorstellung verbunden ist, mehr sei besser. Ganz so, als ließen sich qualitative Fragen quantifizierend beantworten.

N.S.: Abgegrenzte Raumzonen, durch Licht und Schatten plastizierte Kleinsträume spielen in der Erinnerung an meine Kindheit eine große Rolle. Ein solcher Raum befand sich unter der Nähmaschine der Mutter, da wo das Schwungrad und der Fußantrieb waren. Ebenso wichtig auch ein überbauter Winkel in der Werkstatt meines Großvaters, der nur schwach beleuchtet war und wo sich hunderte von Schleifscheiben befanden, wie sie für die Fabrikation von Rasiermessern, die der Großvater betrieb, gebraucht wurden. Kleine und große Schleifscheiben, mit unterschiedlichster Oberfläche, weich und hart, rauh und glatt, kalt und körperwarm, und alles ließ sich bewegen: Das waren haptische

Sensationen, die ich in dieser Vielfalt jedem Kinde wünsche.

Lange Zeit habe ich angenommen, meine Vorliebe für gedämpfte Farben und gedämpftes Licht in den Räumen der frühen Kindheit, die nicht zu verwechseln ist mit Düsternis und Dunkelheit, sei vor allem individuell bestimmt. Das trifft sicher auch zu, aber ich war doch überrascht, neulich erst von meinen Studenten zu erfahren, daß ihre Erinnerungen an Räume der frühen Kindheit ähnlich getönt sind ...

W.M.: Wir sollten schließlich noch auf einen Aspekt eingehen, von dem ich meine, daß er für uns beide als Motiv dafür, daß wir uns mit der Gestaltung pädagogisch genutzter Räume nun schon über Jahre hin befassen, bedeutsam ist: der Einfluß von Räumen auf das Sozialverhalten.

N.S.: Ja, das Interesse an Raumfragen ergibt sich für mich nicht zuletzt auch aus den Arbeitsfeldern, mit deren Problemen ich mich als Sozialpädagoge seit längerem besonders beschäftigt habe, mit dem Erziehungsheim und dem Obdach, heute meist »sozialer Brennpunkt« genannt. Beide hängen eng zusammen, sind für viele Kinder und Jugendliche, die an ihren Lebenswelten scheitern, Stationen eines Weges. Immer wieder ist mir in diesem Zusammenhang deutlich geworden, wie sehr Verhaltensauffälligkeit, Dissozialität, Verwahrlosung durch räumliche Vorgaben oder häufiger noch Vorenthaltungen bewirkt werden, und wie unempfindlich Heimträger, Sozialämter, Jugendämter, Ordnungsämter in der Regel darauf reagieren. Aber auch die eigene Zunft ist daran nicht unbeteiligt – wohin man schaut, Fachschulcurricula, Veranstaltungsverzeichnisse von Fachhochschulen und Hochschulen, praxisorientierende Handbücher – wohin man auch schaut, notorisches Desinteresse an Raumfragen. Trotz »realistischer Wende« kann

Figurentheater in der Jugendstrafanstalt

die Pädagogik an dieser Stelle ihre Herkunft aus den Papierwissenschaften Theologie und Philosophie nicht verleugnen.

W.M.: Meine Erfahrungen gehen in ähnliche Richtung. In den Jahren 1968 bis 1970 habe ich als Kunsterzieher neben der Hochschultätigkeit praktisch in einer Jugendstrafvollzugsanstalt gearbeitet. Wir haben getöpfert, gemalt, gezeichnet, das Figurentheaterspiel in die Arbeit einbezogen und versucht, Holz und Metall plastisch zu gestalten. Der Anfang war unendlich mühsam, denn die Verwaltung hatte mir für diese Arbeit eine Sieben-Mann-Zelle zugewiesen, die mit Schulbänken und Schultischen vollgestellt war und der das Odium der Bedrückungen des Gefangenen-Daseins anhaftete. Dieses Ambiente versagte den Jugendlichen jede Lockerheit, die für eine künstlerische oder auch kunsthandwerkliche Arbeit nun einmal die Voraussetzung darstellt. Das wurde erst anders, als bis dahin ungenutzte Kellerräume umgebaut werden durften; eine Tätigkeit, der sich übrigens die jugendlichen Strafgefangenen mit ganzer Hingabe widmeten. Die Veränderung des Milieus bewirkte auch eine wesentliche Verbesserung der Qualität der gestalterischen Arbeiten.

Viele der Jugendlichen, die ich dort kennenlernte, stammten aus einem sozialen Brennpunkt in der Stadt, in der ich damals lebte. In Gesprächen mit ihnen über ihre Kindheit habe ich immer wieder festgestellt, daß sie keinen Ort hatten, an dem ihnen mit Zuwendung begegnet wurde, an dem sie Sicherheit erfuhren. Mißbraucht und verprügelt, erniedrigt und beleidigt wurden viele von Kindheit an. Zwingend notwendig erschien mir, daß in diesem Quartier für Kinder und Eltern ein Stadtteilzentrum geschaffen würde. Dafür reichte dann der Platz im Gelände nicht aus, aber wenigstens konnte für die Kinder ein Kinderzentrum gebaut werden, das nun schon seit über zehn Jahren Tag für Tag von durchschnittlich vierzig Kindern besucht wird. In den Räumen des Kinderzentrums wird gespielt, wurden Werkstätten eingerichtet, wo Fahrräder repariert und andere Arbeiten getan werden, deren unmittelbarer Nutzen auf der Hand liegt. Es wird gekocht und im Außenbereich des Kinderzentrums entstehen immer wieder neue Hütten. Nach vielen Versuchen, einen Garten anzulegen, sind nun auch erstmals Sonnenblumen und Gurken auf dem Beet stehen gelassen worden. Vielleicht hilft dort ein Spiel, ein Gespräch, eine Tätigkeit, die ein wenig mehr als Zeitvertreib ist, die Jugendlichen davor zu bewahren, daß sie an ihrer Lebenswelt scheitern, unglücklich und straffällig werden. Und das Milieu, die gestaltete Umwelt, die sie vorfinden, trägt dazu bei; ganz im Sinne Kurt Tucholskys: »In der Ackerstraße ist Geburt Fluch; warum sind diese Kinder auch gerade aus diesem Loch gekommen? Ein paar Löcher weiter, und das Assessorenexamen wäre ihnen sicher gewesen.« (K. Tucholsky, 1961, 37)

Die Perspektive der Kinder

Räume in Kinderzeichnungen

»Der Mensch befindet sich nicht im Raum wie ein Gegenstand sich etwa in einer Schachtel befindet, und er verhält sich auch nicht so zum Raum, als ob er zunächst etwas wie ein raumloses Subjekt wäre, das sich dann hinterher auch zum Raum verhielte, sondern das Leben besteht ursprünglich in diesem Verhältnis zum Raum und kann davon nicht einmal in Gedanken abgelöst werden.«
(O.F. Bollnow, 1963, 23)

Wer sich mit der Gestaltung von Räumen für Kinder beschäftigt, dabei nicht nur beschreibt und analysiert, was ist, sondern sich als Pädagoge oder Architekt die Frage stellt, was sein soll, wird bei der Suche nach Orientierungen auf Kinderzeichnungen stoßen. Sie spiegeln, wie sich Kinder zu Räumen verhalten, wie sie Räume wahrnehmen und erleben, darstellen und gestalten.

Wenn man, etwa von O. F. Bollnow angeregt, den Blick für Räume weitet, wird man bald entdecken, daß sie in Kinderzeichnungen kein Thema unter vielen anderen sind, sondern einen besonderen Stellenwert behaupten.

Kinder beginnen häufig schon vor dem zweiten Lebensjahr zu malen, in weit ausholenden Schwüngen zumeist, kreisenden Bewegungen, die sich zum sogenannten *Urknäuel* verdichten. Letztlich bleibt uns verborgen, was Kinder in ihren frühen Zeichnungen, wenn sie der Sprache noch kaum mächtig und ihre Bilder noch nicht gegenständlich-illustrativ gestaltet sind, ausdrücken. Ist in das *Urknäuel* schon die menschliche Gestalt gewoben? Ist es wirklich bloß Ausdruck von Funktionslust?

Ist es schon Zeichen für Körper, Höhle, Haus, Urform und Gebärde, zu der die Zweite, im Auf und Ab und Hin und Her der Strichform, als *Urkreuz* hinzutritt?

Zeichenhaft und einfallsreich sind die kindlichen Bilder; bei allen Unterschieden erscheinen sie insgesamt zunächst raumlos und ohne Hintergrund, wie Chiffren. Anders als Erwachsene zeichnen und malen Kinder zweidimensional, flächig. Das gilt lange Zeit auch für Räume, so paradox das klingt.

Aus krummer und gerader Linie, aus *Urkreuz* und *Urknäuel* entwickelt sich der *Kopffüßler*, – vielen Erwachsenen die au-

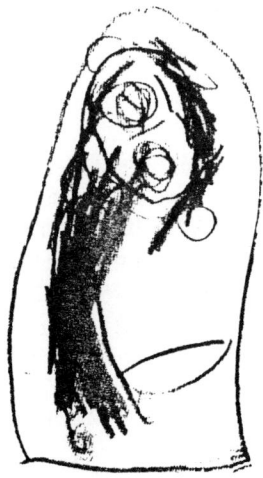

genfälligste Erscheinung der frühkindlichen Formensprache.

Häufig ist er, so wie hier, von einer bergenden Linie umschlossen, die mit Raum und Haus Umhüllung meint.

Vielfach variiert, füllen Kopffüßler Hefte und Blöcke. Alle gehen vom Kreis aus, der nun zunehmend bewußter »geschlossen« wird, sich nicht länger aus der mehr oder weniger unkontrollierten Motorik des kreisenden Händchens ergibt. Gleichwohl folgen die Phantasien der Kinder nicht nur dem Vorsatz, sondern ebensosehr den Spuren auf dem Papier oder an der Wand, gelangen dabei vom Menschen zu seiner Behausung, von sich *zu uns*, »chez nous«, wie »nach Hause« im Französischen heißt oder »u nas«, wie im Russischen, wo der Sprachgenius Körper und Raum, »bei sich sein« und »zu Hause sein« zusammenfügt.

Auch im Spiel wird die erlebte Nähe von Körper und Haus aufgegriffen. Wer kennt nicht den Ruf »Wer kommt in meine Arme?«, – ein Spiel, das in einigen süddeutschen Landschaften noch deutlicher »Wer kommt in mein Häuschen?« genannt wird. Dabei werden die Arme ausgestreckt, in aufnehmender, empfangender Gebärde, wie ein weit überstehendes, bergendes Dach. Die ganze Gestalt ist das Haus. Sie neigt sich leicht vornüber, unterstreicht damit die einladende Gebärde, geradeso als böte das Haus einen Raum dar. Das Kind läuft in den Raum hinein, schmiegt sich an, wird im Kreis durch die Luft geschwenkt ... und so immer wieder in nicht endender

Lust am Wechsel von Distanz und intensiver Nähe, auf sich gestellt und in körperhaft erfahrener Geborgenheit.

Zwischen dem dritten und dem vierten Lebensjahr sind mit Kreis, Dreieck und Rechteck die Grundformen gefunden, die das Haus und den Menschen darin ausmachen.

Kinderzeichnung

Du hattest ein viereck gemalt,
darüber ein dreieck,
darauf (an die seite) zwei striche
mit rauch –
fertig war
DAS HAUS

Man glaubt gar nicht,
was man alles
nicht braucht.   *Reiner Kunze*

Die Übergänge vom Kopffüßler zum Haus sind in der Kinderzeichnung fließend. Wer wollte sich da oder das Kind festlegen?

Nah verwandt sind Mensch und Haus. In der Zeichnung eines vierzehnjährigen behinderten Mädchens verschmelzen die weibliche Figur mit dreieckigem Kleid und das Haus, das, gewissermaßen transparent gedacht, darunter sichtbar wird. Rechts ist ein Schornstein

Nikolaus oder Haus? Das ist hier nicht die Frage. Vielleicht ist es dies oder das oder beides oder keines von beidem.

Kopffüßler oder Haus? Augen oder Fenster? Füße oder Weg?

auf das Dach gesetzt, der auf den ersten Blick auch als Arm gesehen werden könnte. Der menschliche Körper und das Haus sind die markantesten und häufigsten Symbole für Geborgenheit. Auch deshalb finden wir sie oft verschmolzen.

Auch auf das Tier wird das menschliche Antlitz projiziert: hier mit Augen, Nase, Mund und Zöpfen. Kunsterzieher

sprechen bei diesen Eintragungen von Anthropomorphismen. Vergleichbares findet sich auch in Zeichnungen von Häusern, wo etwa Schornstein und Rauch mit dem Kopf in Verbindung gebracht werden.

Sind für das drei- oder vierjährige Kind innen und außen noch eine Einheit, wird die Unterscheidung zwischen Raum und Haus für ältere Kinder zu einem gestalterischen Problem, das sie einfallsreich mit Hilfe sogenannter »Röntgenbilder« lösen.

Der Begriff »Röntgenbild« für eine Kinderzeichnung, die außen zeigt, was

19

Ein Junge zeichnet sich in seinem Mansardenzimmer

innen geschieht, ist im Grunde flach und setzt einen falschen Akzent. Nicht die Transparenz ist entscheidend, sondern die Gewichtung, die dem Raum zugemessen wird.

Die Bedeutung des Raumes um die am Tisch Sitzenden läßt die Tür an der unteren Bildkante gleichsam zur Bedeutungslosigkeit schrumpfen und rückt die Fenster, extrem klein gezeichnet, an den

oberen Bildrand. Nur die Lampe, die zum Raum gehört, wird groß dargestellt. Wichtig scheint für das kindliche Empfinden nicht, ob die Figuren »in Wirklichkeit« zu sehen sind, sondern daß Raum um sie herum besteht. Auch ordnen Kinder im Unterschied zu Erwachsenen die Welt nicht von einem Standpunkt aus, wie die fehlende Perspektive zeigt. Die Transparenz, die der Erwachsenensicht besonders bedeutsam scheint, hat für das Kind kaum Belang: das Unsichtbare ist ihm so nahe und bedeutsam wie das Sichtbare.

Zunehmend stößt man auf Skepsis, wenn Kinderbilder gedeutet werden. So selbstverständlich sie als Zugang zum Verständnis von Kindern einmal waren – bei William Stern, Charlotte Bühler, Hildegard Hetzer – sind sie längst nicht mehr. In einer Reihe moderner Entwicklungspsychologien kommen sie nicht einmal mehr vor (Stone/Church, 1978). Dabei ist es u.E. so, daß Kinderbilder beim Wort genommen werden dürfen. So spiegeln sich in der Zeichnung eines sechseinhalbjährigen Jungen die sozialräumlichen Distanzen, die das Kind

erlebt. Von links nach rechts sind der Junge selbst, der Vater, die Mutter und das neugeborene Brüderchen im Kinderwagen abgebildet. Auf den ersten Blick fällt die zutreffend überdimensional gezeichnete Mutter auf. Sie hat für den Jungen die größte Bedeutung und nimmt in der Familie gerade gegenwärtig eine Zentralstellung ein. Aber ihr fehlen Hände und Füße. Zufall? Gewiß nicht. Die Mutter ist in der Tat durch das Neugeborene unbeweglich geworden und hat – um im Bild zu bleiben – gegenwärtig für den Jungen kaum eine Hand frei, zum Streicheln, Anziehen, Zudecken, Waschen, Baden ..., und alle Zuwendung, die bisher ausschließlich ihm gegolten hat, muß nun geteilt werden. Aus der Perspektive des Jungen ein Verlust. Das neugeborene Geschwister?, ein unbekanntes, buchstäblich »farbloses« Wesen. Auch das fällt auf. Und der Vater? Die Zeichnung spiegelt, was Väter hierzulande zumeist bedeuten: Begleitung für drei Stunden im Wochendurchschnitt.

Kinder haben Meinungen über Räume, die sie in aller Regel nicht aussprechen, wohl aber ausleben. Räume sind ihnen nicht gleichgültig. Wenn sie wählen können, suchen sie für ihren Aufenthalt gern kleine Räume, Höhlen, Nischen, Winkel. Draußen Spielplätze unter Sträuchern, im hohen Gras des Brachlands, in Laubhütten und Erdhöhlen, drinnen Spiele unter Tischen und Treppenaufgängen, in Buden aus Decken und in der Toilette als kleinstem Raum der Wohnung. Das Haus im Haus ist so faszinierend wie die Puppe in der Puppe.

Auch zeichnend und malend fällen Kinder raumbezogene

Entscheidungen. Hausformen werden deutlich unterschieden und Hochhäuser häufig verschwiegen, zumindest spiegelt sich ihre quantitative Bedeutung in Kinderzeichnungen nicht.

Die Zeichnung von einem Kinderzentrum mit Umgebung in einer Hamburger Trabantenstadt, die man gegenwärtig am liebsten wieder abreißen würde, macht das deutlich. Ganz im Sinne der »Bedeutungsperspektive«, nicht in vordergründigem Realismus, sind die kleinen Häuser mit Sattel- oder Walmdach groß dargestellt. Fest aufgedrückt wurde da mit den Wachsmalstiften, um Wesentliches farbig intensiv herauszustellen. Einzelheiten sind genau und liebevoll festgehalten. Die Hochhäuser dagegen

wirken skeletthaft, hohläugig, wie Schemen. Auch das Kinderzentrum selbst ist, obwohl im Detail differenzierter, vergleichbar schemenhaft: mehr leerer Bau als erfüllter Raum.

Raumerleben – Kind und Umwelt

Der Zusammenhang zwischen Kind und Umwelt ist von soziologischer, psychologischer und pädagogischer Seite vielfältig bedacht worden. Dabei ist allerdings bemerkenswert, daß der soziale Aspekt eine entschieden stärkere Betonung erfahren hat als der raum-dingliche. Ganz offensichtlich ist es aber so, daß Kinder, je jünger umso stärker, den Raum, der sie umgibt, nicht in unserem Sinne erleben, sondern sich gleichzeitig mit ihrem Umfeld identifizieren. Eine »Abgrenzung nach außen ist«, wie Gerhard

Mühle (1967, 21) feststellt, »erlebnismäßig kaum vorhanden, weder Ich noch Gegenstand, weder Ich noch Du, weder Subjekt noch Objekt sind streng geschieden.« Insofern treffen auch Eingriffe in ihre Umwelt zentral. Die Qualitäten ihres raum-dinglichen Umfeldes sind am Aufbau der Person beteiligt. »Der Reifungsprozeß wird im einzelnen Säugling nur insofern wirksam, als eine fördernde Umwelt existiert. Das Merkmal des Reifungsprozesses ist der Drang zur Integration, deren Bedeutung immer komplexer wird, während der Säugling heranwächst. Das Merkmal der fördernden Umwelt ist Anpassung, die bei fast hundert Prozent beginnt und in abgestufter Dosierung zur Nichtanpassung wird, gemäß den neuen Entwicklungen im Säugling, die Teil der allmählichen Wandlung zur Unabhängigkeit sind« (Winnicott, 1974, 315). Sehr entschieden spricht deshalb Hugo Kükelhaus in »Organismus und Technik« (1978, 50) von »nachgeburtlicher Abtreibung«, wenn das Umfeld, das die Gesellschaft Kinder gewährt, an Intensität und Geborgenheit nicht den pränatalen Zustand erreicht: »Die Gesellschaft ist nach der Geburt sein Mutterschoß ... und die auf das Kind bezogene Architektur hat die raum-zeitliche Ermöglichungsform der Entwicklungsprozesse des Kindes zu sein.« (1978, 56)

Dabei ist allerdings auch im Auge zu halten, wofür Günter Bittner auf der Suche nach Antworten auf die Frage, was denn nun »kindgemäß« sei, plädiert: »Sozialisation bedeutet Prägung, Ausformung von Erlebnis- und Verhaltensweisen durch gesellschaftliche Einflüsse. Das Kind spielt dabei eine überwiegend passiv-rezeptive Rolle; es wird geprägt und geformt ... Im ganzen ist das Sozialisationsmodell umwelt- und erziehungslastig; es berücksichtigt zu wenig die Spontankräfte und die eigene Entwicklungsleistung des Kindes.« Bittner schlägt deshalb vor, wieder stärker vom Entwicklungsmodell her zu denken, dies allerdings nicht im Rekurs auf überholte Denkfiguren, sondern mit einem Verständnis, das Entwicklung als aktive Leistung des Kindes begreift, als Leistung, die von Phantasie gesteuert ist und auf Selbstwerden abzielt. Dazu bedarf es einer Umwelt, die weniger didaktisch zugerichtet ist als dies in Räumen, die von der Schule hergeleitet sind, der Fall ist und stärker auf die Phantasie des Kindes eingeht. »Kinder fallen gewissermaßen in die Welt und das Bremsen des Aufpralls, die Art, wie Wirklichkeit auf ein Kind trifft, nämlich hart oder weich, mit oder ohne Filter, ist entscheidend für Akzeptanz oder Verweigerung. Dieses Auftreffen von Umweltrealität muß bezogen sein auf das Besondere dessen, auf den sie trifft. Hier unterscheiden sich, wie jede Mutter oder Erzieherin weiß, Kinder voneinander, je nach unterschiedlich vorgeprägter oder erworbener Sensibilität.« (Mollenhauer, 1983, 34)

Unserem Hause war rückwärts, nach der Gartenseite zu, eine hölzerne Veranda angebaut, zu der fünf oder sechs Treppenstufen hinaufführten. Diese Veranda, eine unzweckmäßige und altmodische Baulichkeit, ruhte auf einer Anzahl gemauerter Stützen, und so ergab sich zwischen ihr und dem Erdboden ein finsterer Zwischenraum, der für einen Knaben meines Alters eine große Verlockungskraft haben mußte. Nie konnte ein Erwachsener ihn betreten, und auch ich konnte mich nur kriechend, liegend oder kauernd in ihm aufhalten. Ich glaube freilich, daß meine Eltern die Örtlichkeit und das Wesen, das ich aus ihr machte, gekannt haben und mich schweigend gewähren ließen, – aus Achtung vor dem Bedürfnis, das alle Kinder nach einem den Erwachsenen nicht zugänglichen Schlupfwinkel haben; denn meinen jüngeren Geschwistern hatte ich die Kenntnis der düsteren Herrlichkeit, in der ich residierte, nicht vorenthalten mögen, und die konnten noch kein Geheimnis bewahren. Gern erging ich mich vor ihnen in ausschweifenden Schilderungen. Voller Neid sahen sie mich unter der Veranda verschwinden und beklagten es wohl im Stillen, daß ihre Furcht vor der unterirdischen Finsternis sie hinderte, mir zu folgen.

Vorne, nach dem Garten zu, lagen ohne viel Ordnung ein paar gärtnerische Gerätschaften umher, weiter hinten aber breitete sich die vollkommene Leere und die vollkommene Dunkelheit. Hier hatte ich mir aus Heu und Laub ein Lager gemacht, hier mir aus zusammengetragenen Gegenständen, deren einigen ein Charakter des Verbotenen oder doch Heimlichen anhaftete, eine Art Schatzkammer eingerichtet. Ich erinnere mich an die rostige Klinge eines Küchenessers, die ich einem Abfalleimer entnommen hatte, an einen Katzenschädel, einige Flußmuscheln, eine Handvoll Flaschenkorken, die mir den Geruch des Weines festzuhalten schienen, an Holzstückchen, die ich zu Dolchen umgearbeitet und mit gekerbten und gemalten Verzierungen bedacht hatte, und an einen Haufen Zigarettenstummel, den ich zu vermehren trachtete, obwohl die Feuchtigkeit des halbunterirdischen Ortes jeden Versuch, sie in Brand zu setzen, erfolglos machte. Hier also hockte oder lag ich häufig, entweder im Dunkeln von Geschöpfen meiner Einbildungsgabe umringt und durch sie in zauberische Geschehnisse verflochten oder aber beim Licht eines Kerzenstümpfchens in ein wohlfeiles Indianerheft oder in eine von mir sehr geliebte bilderreiche Jugendausgabe der Tausendundeinen Nacht vertieft. Sehr gegenwärtig ist mir auch noch das Gefühl des Geborgenseins und der Überlegenheit, das mich jedesmal überkam, wenn ich von meinem Versteck aus die Füße eines ahnungslosen Gartendurchschreiters erblickte, er mochte sein, wer er wollte.

(Werner Bergengruen: Der dritte Kranz; aus dem Kapitel: Eine Spitzackersche Kindheitsgeschichte aus Finnland und zugleich aus irgendeinem Orient. 1962, 267f.)

Die Verpflichtung, den Kindern eine Atmosphäre zu bieten, die in ihrer Dichte, Wärme und Geborgenheit dem Körper der Mutter entspricht, ist nur schwer zu erfüllen. Die Wohnungen mit den meist zu hellen und zu kleinen Kinderzimmern, die Kindergärten mit den viel zu großen, aber genauso hellen Räumen, das Auto, das zwar in der Größe auf kindliche Proportionen zugeschnitten scheint, aber in der Schnelligkeit unfaßbar ist – das alles sind Räume, die diesem Anspruch in aller Regel nicht genügen. Räume werden von Kindern ebensowenig wie von Erwachsenen als leer oder bedeutungslos erfahren, sondern immer schon als vorbedeutet, das Verhalten derer, die zu ihm in Beziehung stehen, formend und prägend bis in die körperlichen Bewegungen und Posituren hinein: auf einer Wendeltreppe schreitet man anders, als auf einer engen Stiege. Der Kirchenraum schafft andere Distanzen als die Hütte: »Der Mensch«, sagt Otto F. Bollnow, »befindet sich nicht im

Raum wie ein Gegenstand sich etwa in einer Schachtel befindet«. Dabei sind die Räume, wie sie sich in Kinderzeichnungen und im kindlichen Erleben spiegeln, immer auch schon zurechtgemacht, sind in all ihrer Natürlichkeit von Künstlichem durchsetzt und nur so menschlich (Waldenfels, 1985, 205).

Räume sind Selbstinterpretationen ihrer Nutzer, spiegeln Setzungen für soziale Beziehungen, Gesellschaftsstrukturen, Ideologien. Das Kind, zumal im Vorschulalter, ist nicht nur auf die Verläßlichkeit personaler Beziehungen in seiner Entwicklung angewiesen, sondern ebenso sehr – wenngleich dieser Aspekt häufig vernachlässigt wird – auf Verläßlichkeit seines raum-dinglichen Ambiente. Daß Kinder unduldsam darauf bestehen, die Ordnung der Dinge, so wie sie sie im Spiel arrangiert haben, zu erhalten, über Tage, Wochen, oft gar Monate, ist nicht Marotte, sondern Hinweis auf die Beständigkeit, die sie auch darin brauchen. Der Wunsch nach Beständigkeit *und* die Lust, Neues zu entdecken, sich mit Ungewohntem, Andersartigem explorativ auseinanderzusetzen, kennzeichnet die grundlegende Paradoxie räumlicher Erfahrungen (Maurer, 1983). Defizitär sind Raumsituationen, die nicht beidem Rechnung tragen: der stets aufgeräumte, sterile Kindergarten in der Fröbel-Nachfolge ebenso wie der unstrukturierte, scheinbar »freilassende« Erfahrungsraum des Kinderladens.

Die Beschränkung der Gestaltung pädagogisch genutzter Räume – Kindergarten, Tagesstätte, Schule – auf bloße Funktionalität negiert die leibhaft-ganzheitliche Wahrnehmungsstruktur von Kindern: »Was uns erschöpft, ist die Nichtinanspruchnahme unserer Organe, ihre Ausschaltung, Unterdrückung, ist der negative Streß – viel schlimmer, weil viel allgemeiner und noch viel weniger durchschaut, als der aktuale Streß. Was aufbaut, ist Entfaltung, Entfaltung und

Auseinandersetzung mit einer auch im Ganzen herausfordernden Welt.« (Kükelhaus, 1973, 16) Extreme funktionale Beschränkung bringt den »Raum ohne Eigenschaften« hervor; seine mangelnde Zentrierung schwächt die psychische Verankerung im Raum, seine mangelnde Strukturierung fördert Gleichgültigkeit in der Monotonie der austauschbaren Objekte.

Schon wieder mischen sie Beton
von rostiger Armierung taut
die letzte Hemmung, Fertigteile
verfügen sich und stehen stramm
komm paß dich an komm paß dich an.

Günter Graß

Gesetzt den Fall, die Zeitmaschine funktioniere und ein Mann wie Wilhelm Heinrich Riehl (1823-1897) hätte die Möglichkeit, wahrzunehmen und mitzuteilen, wie die Nachfahren jener Menschen in Deutschland leben, die er um die Mitte des vergangenen Jahrhunderts so sorgfältig beschrieben hat – dies würde ihm sicher ins Auge springen: die nahezu vollständige Verzweckung, Ökonomisierung und Monofunktionalisierung des Raumes. Raum ist zu einem immer knapperen und deshalb wertvolleren Gut geworden. Es wird entsprechend gewertet, gehandelt und gehegt. Schlaglichtartig verdeutlicht dies auch der Wandel an verhaltensregulierenden Tafeln und Schildern. Während um Neunzehnhundert noch der handliche Fingerzeig oder der verkürzende Pfeil mit Hinweischarakter »Eingang hier« dominierten, ist es heute unzweifelhaft das Verbotsschild: »Eingang verboten«, »Spielen verboten«, »Betreten verboten«, »Ballspielen verboten«, usw., usw. Eigentumshinweise und Verbotstafeln kennzeichnen das gegenwärtige Verhältnis zum Raum und zu seiner Nutzung weitgehend und ihre Adressaten sind zumeist Kinder. Zweierlei geht mit der

intensiven Nutzung des Raumes einher: seine monofunktionale Verwertung und die Durchsetzung rigider Nutzungsregeln, für die Eigentümer, Hausmeister, Ordnungskräfte einstehen. Die solchermaßen unterschiedlichen Zwecken zugeführten, entmischten Raumzonen, Wohngebiete, Einkaufszentren, Gewerbegebiete etc., sind strikt separiert. Das, was sich in den Außenräumen vollzogen hat, spiegelt sich in den Innenräumen wider: strikt additive Funktionalität.

Besonders betroffen von dieser Entwicklung sind Kinder und Jugendliche. Ihre Spiel- und Handlungsräume sind in den letzten Jahrzehnten in einem Maße eingeschränkt worden, das historisch ohne Beispiel ist. Zweifellos besitzen moderne Wohnviertel mehr Grünfläche. Die Hinterhöfe der ärmlichen Wohnquartiere wurden aufgelöst, die dunklen, engen Straßen aufgelockert, so daß die Häuser und ihre Umgebung heute entschieden mehr Sonnenlicht bekommen. Aber die anregenden Spiel- und Erlebnismöglichkeiten des Hinterhofes bestehen nicht mehr. Sandgrube und Klettergerüst auf den neuen Freiflächen zwischen den Häusern der modernen Wohnquartiere ersetzen diesen Verlust nicht. Vor allem aber sind weitgehend Ödflächen und unbebaute Grundstücke und mit ihnen gleichzeitig auchviele traditionelle Spielmöglichkeiten zum Verschwinden gebracht worden. Als Folge administrativer Eingriffe zeichnen sich Freiräume, so wie sie sich heute darstellen, durch Funktionalisierung (Fußballplatz, Grillplatz), Spezialisierung (Sportanlage, Parkplatz) und Konzentration (Großanlagen) sowie durch vorgegebene Gestaltungsmuster aus (Fußgängerzonen, Hofgestaltung, Parklandschaften), die die Eingriffsmöglichkeiten ihrer Nutzer, zumal der Kinder und Jugendlichen, drastisch reduzieren.

Martha und Hans-Heinrich Muchow haben in den 30er Jahren eine der ersten und selten gebliebenen Lebensraumuntersuchungen aus pädagogischer Perspektive vorgelegt. Sie macht deutlich, daß Plätze, Straßen, Höfe selbst in der Großstadt damals noch entschieden häufiger multifunktional genutzt werden konnten und Kindern und Jugendlichen allgemein zugänglich waren. Natürlich gab es – und Gespräche mit den heute 60 bis 70jährigen belehren uns darüber – durchwegs »Revierkämpfe« auf solchen von Erwachsenen und Kindern gleichermaßen genutzten Plätzen, aber doch anders als heute: der ubiquitäre Verordnungsrückhalt, der sich in Eigentumshinweisen und Zutrittsverboten ausspricht, fehlte.

Die historische Kindheitsforschung, wesentlich angeregt durch Ariès (1975), Elias (1976), de Mause (1977), macht uns bei aller Umstrittenheit der Ergebnisse im einzelnen darauf aufmerksam, wie sich Raumstrukturen und Kindheitsmuster in der Neuzeit verändert haben. Bis zur Industrialisierung lebte der überwiegende Teil der Bevölkerung auf dem Lande, aber auch in den städtischen Wohnungen wurde Hauswirtschaft betrieben und viele Städter übten ihren Beruf in oder neben der Wohnung aus. Enge war ein hervorstechendes Merkmal der Innenräume, und schon von daher ergaben sich Notwendigkeiten der Auslagerung beruflicher und hauswirtschaftlicher Betätigung wie auch des geselligen Umgangs auf Platz und Straße. Heute wachsen Kinder meist an Orten auf, an denen nichts produziert wird, wo das Kochen der Mahlzeiten zur einzig produktiven Tätigkeit geworden ist und deshalb einer hypertrophen Wertschätzung unterliegt, während sich der sonstige Gebrauch der Wohnung auf Telekommunikation, Rekreation und Repräsentation beschränkt. Bis ins 18. Jahrhundert hinein war die Zugänglichkeit aller Lebensbereiche und -räume für Kinder und Erwachsene gleichermaßen gegeben.

Erst von da an löst sich der kommunikative Zusammenhang von öffentlicher (Straße) und privater Sphäre (Haus) allmählich auf. Nun erst setzen sich speziell für Kinder zugerichtete Orte durch: Schule, Kinderzimmer, Kindergarten und Freispielplätze.

Privatheit im Sinne familialer Intimität entsteht erst durch den Rückzug der Familie vom öffentlichen Platz, von der Straße, kurzum durch das, was Ariès »Einkapselung« der Familie im Inneren des Hauses nennt (1975, 61). Dem entspricht auch eine neue Organisation des privaten Raumes durch funktionale Differenzierung in einzelne Zonen, Speisezimmer, Küche, Schlafzimmer, Salon, die nun nicht mehr allen Hausgenossen gleichermaßen zugänglich sind. Dem Gewinn an Rückzugsmöglichkeiten, Privatheit und Intimität steht der Verlust von kommunikativer und handelnder Teilhabe, okkasionellem Lernen und Erahrungsreichtum gegenüber. Auch das Spiel ist als elementare Lebensäußerung von diesem Wandel betroffen, es fraktioniert zunehmend Altersklassen und verliert, von der Aufklärungspädagogik erstmals verzweckt, seine Unschuld.

Hatte das Mittelalter offenkundig noch keine Vorstellung von Kindheit als einem eigenen, besonderen Lebensabschnitt, sondern Kinder jenseits des Wickelalters wie Erwachsene behandelt, so nimmt Kindheit nun beträchtlich an Dauer zu, vor allem durch den zunehmend organisierten Schulbesuch. Erst jetzt erscheint Kindheit als schutzbedürftig nach innen und außen: gegenüber den verdächtigen Trieben, mit denen sich die Aufklärungspädagogik so nachhaltig auseinandersetzt und gegenüber den verderblichen Einflüssen einer noch nicht zivilisierten, rohen Gesellschaft, der die Kritik gleichermaßen gilt. Die nunmehr entstehende Eigenwelt des Kindes ist stets durchsetzt mit pädagogischen Maßgaben, Eingrenzungen, und Erziehungsmaßregeln. Was natürlich scheint, ist immer schon zugerichtet, auch die Räume, in denen Kinder aufwachsen. Dies gilt auch für Außenräume, wie für Landschaft überhaupt, die uns in romantischer Retrospektive nur »natürlich« scheint.

Es gibt indes wenig Grund, sich die vormoderne Kindheit als Idylle vorzustellen, wie dies nach oberflächlich-unkritischer Lektüre von Ariès eintreten könnte, der in der Tat reichlich einseitig von einer generellen Verschlechterung der Bedingungen des Aufwachsens seit der Entdeckung der Kindheit im 18. Jahrhundert ausgeht. Historisch ist der ambivalente »Prozeß der Zivilisation« (Elias, 1976) notwendig: Je größer die Bevölkerung wird, je näher Menschen in den Städten zusammenrücken, umso zwingender ist die Regulation von Verkehrsweisen und -orten, die Abgrenzung von Raumzonen, die Beherrschung von Affekten, um das Zusammenleben nicht nur effektiv zu gestalten, sondern überhaupt erst zu ermöglichen.

Durch Wahrnehmung und Handeln in der sozialen Umwelt wird die Entwicklung des Kindes entscheidend geprägt. Räumliche und soziale Umwelt sind nur unter einem begrenzten analytischen Aspekt zu unterscheiden. Konkrete Umwelt besteht als strukturierter und strukturierender Ausschnitt der Wirklichkeit immer aus räumlichen Elementen mit sozialer Bedeutung und sozialen Elementen, die sich räumlich manifestieren. Alle Umwelt ist immer zugleich räumlich und sozial, bei vielschichtiger Verwiesenheit (Bahrdt, 1974). Kommunikation, Handeln und räumliche Strukturen bestimmen das Ensemble der Verhältnisse, in denen Kindheit steht. Dieter Baacke hat unter diesem Gesichtspunkt eine Gliederung der kindlichen Umwelt in vier sozialökologische Zonen vorgeschlagen:

1. Das *ökologische Zentrum*, d.h. die Familie, das »Zuhause«, als Ort, an dem sich das Kind und seine wichtigsten Bezugspersonen vorwiegend aufhalten.
2. Der *ökologische Nahraum*. Dies ist die Nachbarschaft, der Stadtteil, das Quartier, in dem das Kind die ersten Außenbeziehungen aufnimmt. Hierzu wäre idealtypisch auch der Kindergarten zu rechnen.
3. *Ökologische Ausschnitte,* in denen Interaktion und Handeln durch spezifische Funktionen geregelt werden: Schule, Schwimmhalle, Bank, Läden, usw. Das Kind muß hier lernen, bestimmten Rollenanforderungen gerecht zu werden und bestimmte Umgebungen nach ihren definierten Zwecken zu nutzen: »Aus der Diffusität des ökologischen Nahraums tritt das Kind in Räume funktionaler Differenzierung, die keinen ganzheitlichen Erfahrungsraum mehr repräsentieren.« (Baacke, 1984, 85)
4. Die *Zone der ökologischen Peripherie* umschreibt Orte ungeplanter Begegnung, an denen Interaktion und Handeln nicht routiniert sind. Hierher gehört der Urlaub am unvertrauten Ort, aber auch die gelegentliche Erkundung fremder, mitunter auch verbotener Örtlichkeiten im Nahbereich: die leerstehende Fabrikhalle, das verlassene Haus, dessen »Inbesitznahme« Abenteuer verspricht, weil die Bedeutungsstruktur der Räumlichkeiten nicht vorgegeben ist, sondern erst hergestellt werden muß.

Das Kind wächst in die Welt und mit dem Aufwachsen wächst die Welt des Kindes. Raum um Raum, Zone um Zone wird erobert, vom relativ geschlossen erlebten ganzheitlichen zum auschnitthaften Erfahrungsraum. Die Komplexität der sozialen Umwelt erfordert Schutz vor Gefährdung im Straßenverkehr, aber auch vor Irritationen durch Überforderung. Deshalb ist es Aufgabe der Pädagogik, Erfahrungsräume zu strukturieren und Übergänge zu erleichtern. Eine kindgemäße Umwelt läßt sich insgesamt nicht herstellen, wohl aber Zonen geschützter Räume, die, auch wenn sie als Reservate empfunden werden müssen, ansonsten verlorenes Terrain auf knapperem Raum bewahren. Der Erfahrungsreichtum weniger komplexerer Gesellschaften, wie er in Dörfern und Kleinstädten noch vor wenigen Jahrzehnten gegeben war, der Geborgenheit ebenso bietet wie Gefahren in Gärten und Wäldern, mit Verstecken, Ängsten, Glück und Betätigung in den Scheunen und Schuppen, ist der Mehrzahl der Kinder heute verwehrt. Ein vollwertiger Ersatz dafür ist im städtischen Wohnumfeld nicht gegeben. Für sie ist Komplexität, Fremdheit, Undurchschaubarkeit konstitutiv. Typisch für die traditionelle ländliche Wohnsituation ist, daß es fast keine Grenze zwischen draußen und drinnen gibt. Das Kind kann sich frei hin und her bewegen, wobei es im Einklang mit dem wachsenden Gefühl der Sicherheit und des Selbstvertrauens den Betätigungsradius erweitert. Wird die Erkundung der Außenwelt zu riskant, ist der Fluchtweg zurück zur Mutter oder Großmutter immer offen. In einer idealen Kinderwelt gibt es kein plötzliches Hereinbrechen des Unbekannten. Die Lebenswirklichkeit der meisten Kinder, die heute aufwachsen, entspricht diesem Ideal nicht. Der Abstieg von der Etagenwohnung eines hohen Mietshauses hinab zur Straße erfordert mit all seinen wirklichen und eingebildeten Gefahren unendlich mehr Mut und Unternehmungslust, als der Weg vom ebenerdigen Haus in den einsehbaren Hof. »Für viele Kinder, die in hohen Wohngebäuden leben, bleibt die Erdoberfläche jahrelang eine fremde Welt und sie fühlen sich aus diesem Grunde einsam und isoliert.« (Bengts-son, 1971, 13) Der Zugang zu den Außenräumen ist Kindern, zumal im Vorschulalter, wesentlich erschwert, aber die Innenräume kann ihnen niemand nehmen, auch nicht im zehnten Stock. Hier kann Kindern vor allem in diesem Alter ein differenziertes Angebot an Stimulation zur Erkundung des Nahfeldes, zu vielgestaltigem Spiel und zur Betätigung geboten werden. Dies vor allem durch die veränderbare Gliederung von Räumen, in denen sie sich im Kleinkindalter und danach am meisten aufhalten. Eine Gestaltung und Gliederung, die dem ständigen Wandel, dem Wachsen der Kinder und der Veränderung ihrer Bedürfnisse Rechnung trägt. Wird starre und unverrückbare Ordnung demonstriert, kommt das dem Zurückhalten des Wachstums von Kindern gleich. Die improvisierende Gestaltung der kindlichen Umwelt in der Stadt vermag vielleicht einen Ausgleich zu schaffen für das, was mit der zunehmenden Komplexität moderner Lebenswelt verloren gegangen ist durch ein stimulierendes, nicht langweiliges Milieu und die Ermöglichung elementarer Erfahrungen.

LANGEWEILE
- DAS IST EINSAMKEIT, MANGEL AN EINDRÜCKEN
LANGEWEILE
- EIN ÜBERMASS DAVON FÜHRT ZU LÄRM UND WILDEM DURCHEINANDER.
JANUSZ KORCZAK

Wie neue Gebäude auf die Häuserstruktur der jeweiligen Umgebung eingehen sollten, so muß die Innengestaltung der Häuser, in denen Kinder leben, auf die kleinräumigen Bedürfnisse eingehen, die Kindern gemäß sind. Differenzierte sensitive Erlebnisse brauchen Kinder, damit sie ihr späteres Leben, wie es auch immer beschaffen sein mag, bestehen können.

Allerdings lassen sich solche Erfahrungen nicht räumlich eingrenzen, sondern können sich nur auf ihren ganzen Lebensbereich beziehen. Es sollten Räume angestrebt werden, in denen auch Kinder zu ihrer Entfaltung kommen neben Erwachsenen, und nicht Räume, in die Kinder ausgesondert werden, um sich in ein separates Leben fügen zu lernen. Es spricht vieles dafür, daß die gängige Isolation der Kinder mit übermäßig rechthaberischem Bestehen auf der eigenen Position im Jugendalter zusammenhängt. Kann man denn mit Berechtigung Jugendlichen das entziehen, was man ihnen in der Kindheit gewährt und von ihnen gefordert hat; gewandtes Umgehen mit Fertigem in steriler Umgebung? Kann man erwarten, daß sie sich später auch jenseits der Lohnarbeit produktiv betätigen, wenn sie nur den Umgang mit fertigen Produkten gelernt haben, wenn sie daran gewöhnt wurden, sich in der Unveränderbarkeit einzurichten, wenn sie sich nicht schmutzig machen durften, wenn alles, was als Arbeit zu begreifen gewesen wäre, sich von Anfang an ihrem Blick und ihrem Zugriff entzog? Isoliertes Leben ist auch im vergoldeten Käfig latente Frustration.

Überlegungen zur Anregung von Verbesserungen für kindliches Leben müssen in dem Bewußtsein erfolgen, daß die Bedürfnisse der Kinder menschliche Bedürfnisse sind. Das Menschliche verbindet sie weit mehr mit anderen Altersstufen, als sie ihre Kindhaftigkeit separiert. Auf einem Spielpodest in einer Würzburger Kindertagesstätte inmitten von Höhlen und Emporenlandschaften finden sich regelmäßig alte Leute zum Spielen mit den Kindern und zum Erzählen und Vorlesen ein, und sie fühlen sich dort mit ihnen wohl. Deshalb ist der Gedanke, der neuerdings in der Diskussion um die Zukunft des Kindergartens verstärkt aufgegriffen wird, Kindertagesstätten nach draußen, zum Gemein-wesen hin zu öffnen, zu begrüßen, wenn damit nicht nur konsumptive Nischen gemeint sind, sondern Möglichkeiten der Betätigung auch für Erwachsene.

ICH, eine gute Mutter, eine gute Erzieherin, ach nein. Eine Amüsierpädagogin hat mich mein Mann einmal genannt, und das stimmte, ich langweilte mich nicht, wenn ich mit Kindern spielte, ich ließ mich nicht zu ihnen hinab, war mittendrin, war eines von ihnen. Die größte Sünde, die ich an meinem Kind begangen habe, war die Liebe zu meinem Mann, das Ein-Herz-und-eine-Seele-Sein. Dies ist der Grund, warum ich immer behaupte, eine schlechte Ehe sei für Kinder, besonders für Einzelkinder, vorzuziehen. Da wissen sie doch, an wen sie sich zu halten haben. Die Verschwörung eines sich immer einigen Ehepaares hingegen macht das Kind klein und hilflos, macht, daß es sich vor Eifersucht verzehrt. »Ihr haltet auch immer zusammen«, hat meine Tochter, vierjährig, einmal gesagt und hat sich umgedreht und mit dem Fuß aufgestampft. Wir beide werden dazu auch noch gelacht haben. Wenn ich an die Einsamkeit des Kindes denke, wird mir übel zumute.

Nach dreißig Jahren habe ich erst erfahren, daß allnächtlich an seinem Bett eine Hexe saß. Das Kind wagte nicht zu schreien und erzählte auch nichts am Morgen, erst dreißig Jahre danach. Auch wenn ich daran denke, daß ich die Fünfjährige gezwungen habe, einen dem Nachbarbuben entwendeten kleinen Soldaten zurückzutragen, allein dort hinzugehen, zu klingeln, die Schuld (die Schuld!) zu gestehen. Oder wie das war, als ich die Dreizehnjährige (aus Gründen der Obdachlosigkeit) in die Landschule brachte und dann wieder in dem mühsam genug aufgetriebenen Pferdefuhrwerk saß und das Tapp-tapp-tapp der Turnschuhe auf dem Asphaltweg von Nieder-Erlenbach hörte und die flehende Stimme, nimm mich wieder mit. Und redete zum Guten, lauter törichtes Zeug, und fuhr weg, fuhr weg.«
(Marie Luise Kaschnitz, 1973, 94)

Es ist nicht möglich, das Wohnen der Kinder aus dem Wohnen allgemein zu separieren, um es für sich zu beschreiben. Ihr Wohnen steht immer in Abhängigkeit von Erwachsenen. Am Wohnen wird deutlich, wie sehr Kinder das Schicksal »außermütterlicher Embryos« zu tragen haben. Sie werden nicht danach gefragt, in welches Milieu sie geboren werden wollen und wie die Räume beschaffen sein sollen, in denen sie die Kindheit und auch große Teile ihrer Jugendzeit verbringen möchten.

Nicht aus der Vergangenheit gewachsen ist das, was wir Wohnkultur nennen, sondern weitgehend Nachahmung von Katalogangeboten, durch Fortschritt von Technik und Perfektion zur Fleißaufgabe geworden. Nicht, daß die Häuser in den Städten und auf dem Lande unbewohnbar geworden wären, der Wald oder die städtischen Anlagen und Angebote als Spielfeld unerreichbar. Vielmehr haben sich die Maximen durch den Neubau und die Modernisierung von Wohnungen im großen Stil verschoben. Der wirtschaftliche Aufschwung mußte gehalten werden durch permanenten Neuerwerb von Gütern, deren Besitz als selbstverständlich für die Existenz ausgezeichnet wurde. Der Absatz immer neuer Industrieprodukte mußte gesichert werden, was nur durch das Über-Bord-Werfen der Wohntraditionen, die ohnehin nach dem 2. Weltkrieg nur noch in Resten vorhanden waren, bewerkstelligt werden konnte. Im Antiquitätenerwerb vor allem findet Wohnkultur nun die zu Geld gekommene Käuferschicht. Wer kein Geld hat, beizt Farbschichten ab. Nur vermögen wir die Fichtenkästen, die unter der Malerei vorkommen, und die so nackt meist gar nicht gemeint waren, nicht mehr in eine ihnen gemäße Umgebung einzufügen und ihrem ursprünglichen Verwendungszweck zurückzugeben. Zweifellos soll hier, wenn auch mit recht puritanischen Mitteln, verspätet ein Hauch von Vergangenheit, einstmals in lebendiger Wohnlandschaft gewachsen, in die Gegenwart herübergeholt werden. Vielfach hat das Wachstum der Wohnung weniger mit wirklichem Bedarf als mit Mode, Repräsentation und Prestige zu tun. Wie bei Autotypen lassen auch bei Wohnungen zeitspezifische Akzessoires präzise auf den Zeitpunkt der Herstellung und das Einrichtungsjahr schließen. Fernab von individuellen Bedürfnissen und auch jeder landschaftstypischen Disposition hat sich ein Einheitsstil von Nord bis Süd durchgesetzt, der nur geringen Schwankungen unterliegt, aber auch darin nicht durch ortsbezogene Vielfalt die Unterschiedlichkeit von Menschen repräsentiert. In diese rasch gemachte, auf alsbaldigen Verschleiß kalkulierte und nicht gewachsene Wohnsituation sind in den Jahrzehnten nach dem letzten Krieg Kinder geraten, die jetzt wieder Kinder haben oder sie als Erzieher oder Lehrer in Kindergarten und Schule betreuen. Während frühere Generationen ihre Aufgaben aus der praktischen Erfahrung zu meistern vermochten, haftet der jetzigen die Ableitung der Praxis aus dem theoretischen Erwerb von Wissensstoff an. Nicht selten ist dieser Wissensstoff in der Erzieherausbildung wenig mehr als verwässerter Aufguß universitärer Lehre, im wesentlichen vorgetragen und angeprüft von deren Vertretern, ohne kind- und sachbezogenen Hintergrund, geschweige denn in eine raum- und dingorientierte Beziehungsebene eingebunden. Dieser Zustand ins Bild gesetzt begegnet jedem, der gegenwärtig Kindergärten betritt – ob als Kind, Betreuer oder Besucher. Das Recht des Kindes auf Spiel, auf Betätigung, Bewegung und Rückzug, Gemeinsames und Persönliches läßt sich hinter der dürren Einrichtung und dürftigen Dekoration kaum noch ahnen. Was Gemeinsam es sein könnte, ist zur Uniformität mißraten, was Individualität sein könnte, trägt den Makel der Isolation.

Was in unserer Region Wohnungen auszeichnet, sind die Möbel. An ihnen erkennt man, wann sie angeschafft wurden und welcher Schicht der Besitzer zugehört oder auch nur zugehören möchte. Selten sind Stücke aus der Ver-

kennt kein eigenes Wort für Möbel, sie übernahm den Begriff aus dem Deutschen, während das deutsche Wort wiederum aus dem Französischen stammt. Früher hatten die Russen ihr Lager auf dem Lehmofen. Die Bank war ein Teil der Wand und also mit ihr verbunden, eine Nische gab es noch für die Ikonen, in

gangenheit der Familie einbezogen, noch seltener leben wir in eingerichteten Räumen, die seit Generationen unverändert vererbt wurden, wie dies noch vor wenigen Jahrzehnten in manchen Bauernhäusern der Fall war. Die Möblierung von Wohnungen erscheint uns auch für die Vergangenheit selbstverständlich, war es aber nicht in allen Bevölkerungsschichten. Oft dienten zugehauene Baumabschnitte oder lange Dielen als Bank und man schlief in den Nischen der Häuser, deren tragende Konstruktion durch Balken und Wände kleine Innenräume schuf. Die russische Sprache

welcher Lichter brannten. So war alles integriert. Unsere Möblierung besteht dagegen aus lauter Einzelstücken. Je komplizierter sie werden und je mehr sie in ihrer Art voneinander abweichen, umso weniger integrationsbereit sind sie. Sie gliedern Räume, aber mit eigenem Anspruch und bedacht auf ihre eigene Form. Die alten Eichenmöbel der bürgerlichen und bäuerlichen norddeutschen Kultur sind dafür ein Beispiel. Ihre Formen sprechen, das Material bestätigt nur ihren Wert. Mit Erkern, Vorsprüngen und anderem Zierat scheinen die Räume, nach ihnen konzipiert, die Aufmerksamkeit nur auf ihre Gestalt zu richten. Mangelnde Integration der Gegenstände im Raum verhindert, was zu wünschen wäre: in der Kindheit müssen Räume Geborgenheit, naives Vertrauen hervorrufen, in der Pubertät muß erfahren werden, daß die Sicherheit in materialen Räumen trügt. Da wird es notwendig, sich »geistige Räume« zu erobern. Deshalb muß Jugendlichen der gegenständliche Raum zu eng werden.

Räumliche Integration und bedürfnisadäquate Differenzierung lassen sich am ehesten durch Einbauten aus Holz erreichen, und zwar dann, wenn sie nicht perfekt ausgeführt werden, sondern Freiheit zu eigener Ordnung lassen, wenn sie ein Quantum Improvisation enthalten. Nur dann ist zu erwarten, daß Kinder zum Mit- und Weitermachen an ihrem Umfeld, zu weiterem Reagieren und Agieren im Sinne von sensiblem Spiel, freudvoller Betätigung, verantwortungserfüllter Arbeit gelangen.

Improvisation stellt sich als latente Erneuerung dar, als ein ständiges »in der Waage halten« von Bedürfnissen und ihrer raum-dinglichen Verwirklichung. Vorgefundenes den Maßstäben der eigenen Freiheit und Freizügigkeit entsprechend einzurichten, heißt Improvisation. Weder die Fixierung auf den gehobenen Geschmack oder wertvolle Einrichtungsgüter, noch auf modische Trends ermöglicht Veränderung, die menschlichen Bedürfnissen entspricht. Integration und Differenzierung ist auch in schwierigen räumlichen Verhältnissen durch einfache Überlegungen zu erreichen: für den der kocht, geht es darum, nicht abgesondert zu sein, für den der lernt oder plant, Ruhe zu haben und für den, der ruht, Geborgenheit und für die Kinder, die die unterschiedlichsten, differenziertesten Bedürfnisse haben, bei vielen Tätigkeiten der Erwachsenen, der anderen Kinder, der älteren Geschwister, geht es darum, dabei zu sein und sich andererseits zurückziehen zu können. Das scheint einleuchtend und das Einfachste von der Welt zu sein, aber selbst Le Corbusier hat in einem Rundfunkinterview kurz vor seinem Tod die elementaren Bedürfnisse der Menschen als Grundlage für die Planung von Gebäuden gleichsam gegen sein eigenes Lebenswerk noch einmal in Erinnerung gerufen und verteidigt: »Die moderne Gesellschaft, mit ihren täglichen Schwierigkeiten sehr beschäftigt, hat vergessen: ein Mann, eine Frau, ein Kind schlafen in ihrem Bett, sie wachen auf, sie gehen zu ihrer Arbeit, dann kommen sie zurück, um in ihrem Bett zu schlafen ... Heute stürzen Millionen von Männern, Frauen und Kindern auf der ganzen Welt jeden Tag wie wahnsinnig fort, und es kommt zu der entsetzlichsten Verschwendung des modernen Lebens: sie leben, wo sie nicht leben sollten, und sie arbeiten, wo sie nicht arbeiten sollten. Das augenbliche Problem ist, die natürlichen Bedingungen wiederzufinden.«

Der Kindergarten als gestalteter Raum

AUF DIE DAUER IST
RAUM, IN DEM DAS
LEBEN
SEINE SPUREN
HINTERLASSEN KANN,
EBENSO ELEMENTAR
WIE WASSER
UND LUFT
FÜR MENSCHLICHES
ÜBERLEBEN

IVAN ILLICH:
EINE SPUR HINTERLASSEN

Kindergarten und Wohnraum unterscheiden sich häufig weniger durch die Raumgröße als durch die Anzahl der Kinder, die sich darinnen aufhält. Viele Wohnzimmer haben bei ein oder zwei Kindern 30 und mehr Quadratmeter; kein großer Unterschied zu den 40 Quadratmetern, auf denen sich nach wie vor gar nicht selten bis zu 25 Kinder aufhalten. Verhältnislosigkeit, Unangemessenheit hier wie dort. Ausuferndes Repräsentationsbedürfnis oder erdrückende Enge; ohne Tradition und Perspektive beides. Der Herkunft nach ist der Kindergarten, auch wenn Fröbel darüber anders dachte, eine Notlösung, der hier und da immer noch das Odium des provisorischen Ersatzes anhaftet, von Natur wie Kultur gleich weit entfernt. Davon zeugt nicht zuletzt die nach wie vor nahezu selbstverständliche Ausgliederung benachteiligter Kinder, die der Erfahrung und Interpretation von Natur und Kultur besonders bedürfen. Prinzipiell soll der Kindergarten für alle Kinder da sein, die in einer Region aufwachsen – Unterschichtkinder, Kinder ausländischer Familien und behinderte Kinder eingeschlossen.

Die Kindertagesstätte steht zum Wohnen in Spannung. Nur an einer Stelle

Im Kindergarten: Vorweg die Erzieherin und hinter ihr viele Kinder – eine formal interessante, inhaltlich aber bedrückende Aussage in der Radierung eines Kindes

der Welt kann ein Mensch zu einer Zeit wohnen. Das ist ein Grund dafür, daß viele öffentliche Bauten, wie Kindergärten, Schulen, Horte, Heime, Einrichtungen der Behindertenhilfe, Frauenhäuser (in denen oft mehr Kinder als Frauen Aufnahme finden), so unwohnlich sind: die Betreuer, Erzieher oder Lehrer wohnen nicht dort, ihre Identifikation mit Räumen findet woanders statt – in ihren eigenen »vier Wänden«. Überall da, wo in der Jugend- und Behindertenhilfe Betreuer und Betreute zusammenleben, erweist sich das qualitative Gefälle, das getrennte Lebenswelten hervorbringt, als überwindbar. »Wohnen heißt Spuren hinterlassen«, schrieb Walter Benjamin in der Emigration. Um Spuren hinterlassen zu können, muß man Kindertagesstätten und Schulen wohnlich machen. Spuren freilich sind hier gemeint, die nicht verwischt werden, wie die an der Tafel, sondern solche, die bleiben können; auch nicht Spuren der Zerstörung, die beseitigt werden müssen. Zwischen produktiven und destruktiven Spuren besteht ein Zusammenhang: Wer die einen nicht hinterlassen darf, produziert die anderen. Der allseits beklagte Vandalismus in zu groß geratenen Schulen, die nach Struktur und Ausstattung so beschaffen sind, daß individuelle Spuren nicht hinterlassen werden können, hat hier seinen Ursprung: auch dies ein Beispiel für den Zusammenhang zwischen Architektur und Pädagogik.

Zum ersten Kindergarten in Deutschland gehörte *selbstverständlich* ein Garten, wenngleich sich die Bezeichnung, die

Der Garten der Kinder im ersten deutschen Kindergarten

Muster-Kindergarten im Fröbelmuseum Bad Blankenburg/Thüringen, ca. 1955

Fröbel einem spontanen Einfall verdankte, weniger auf diesen Umstand als auf die der Pädagogik der Romantik eigene Metaphorik zurückführen läßt. Erst gegenwärtig wird der Garten in seinem Wert von Kindertagesstätten und Schulen wiederentdeckt. Über die innere Gestalt des ersten Kindergartens wissen wir wenig. Spätere Generationen, die sich in die Fröbelnachfolge hineinstellten, gaben ihm eine spartanische, im wesentlichen auf Stillarbeit zentrierte Ausstattung, in der Ordnung, Reinlichkeit und Überschaubarkeit dominierten. Nicht die reichhaltige Ausstattung biedermeier-bürgerlicher Spielzimmer war Vorbild für die Gestaltung der Kindergärten bis in die Nachkriegszeit hinein, sondern die Dürftigkeit der Kleinkinderbewahranstalten und Kleinkinderfabrikschulen, die auf den Nachwuchs des Industrieproletariats im frühen 19. Jahrhundert zugeschnitten waren. Erst im Zuge der Vergesellschaftung familialer vorschulischer Erziehung und in dem Maße, in dem sich in den 60er Jahren der Kindergarten als Lernort für alle Kinder, nicht nur für die anders unversorgten begriffen wurde, fand seine Gestaltung und Ausstattung ein breiteres öffentliches Interesse. Als eigenständige Bauaufgabe wurde der Kindergarten überhaupt erst nach dem 2. Weltkrieg wahrgenommen. Woher dominierte der Notbehelf: Nebenräume von Gaststätten, Versammlungs- und Vereinszimmer von Turnvereinen, ausgedehnte Festsäle, unzweckmäßige Räumlichkeiten in Gemeinde- oder Pfarrämtern dienten über Jahrzehnte als Kindergarten. Interessante, der Institution entsprechende Häuser im Grünen mit differenzierten Grundrißlösungen entstanden in größerem Umfang erst in den 60er Jahren. Aber auch in dieser Zeit überwogen rationale Konzeptionen, in denen sich nicht mehr aussprach als die lieblose Übersetzung von Bauvorschriften in Kubikmeter umbau-

ten Raumes: Pro Kind ein Stuhl und ein halber Tisch, 1,7 Quadratmeter Bodenfläche im Gruppenraum (weniger als eine Grabstelle, 1/5 von einem Autoabstellplatz), 1/10 Toilette und Waschgelegenheit und ein Kleiderhaken waren geboten.

Nachhaltigen Einfluß auf die Ausstattung und Gestaltung des heutigen Kindergartens hatten das sogenannte Schmaus-Schörlsche Raumteilverfahren und späterhin die Empfehlungen des Deutschen Jugendinstituts für die Ausstattung von Kindertagesstätten. Das Schmaus-Schörlsche Raumteilverfahren, das als »sozialpädagogische Methode der Spielführung« angeboten wurde, konnte als pädagogischer Selbstläufer in den 60er Jahren, die als Folge des Babybooms vor allem durch überaus ungünstige Erzieher-Kinder-Relationen, mangelhafte Qualifikation der Erzieher und konzeptionelle Unsicherheiten gekennzeichnet waren, große Aufmerksamkeit beanspruchen. Noch heute bezieht sich die Uniformität der Mehrzahl der Kindergärten zwischen Flensburg und Berchtesgaden – gleich welcher Trägerschaft – auf das Schmaus-Schörlsche Raumteilverfahren.

Worum es dabei geht, geht aus der Skizze auf Seite 38 (Schmaus/Schörl 1964, 61f.) hervor:

Die Skizze stellt in stark vereinfachender Form die Gruppierung von 26 Kleinkindern während einer ungefähr eineinhalb Stunden dauernden Spielzeit im Raumteilverfahren dar. Die Ziffern geben an, wie sich die Kinder idealtypisch gruppieren, die schräg schraffierten Teile stellen Möbel und Einrichtungsgegenstände dar, die in der Regel immer auf dem gleichen Platz verbleiben: Ofen, Estrade, Schränke, Tisch und Liegebank. Die enge Schraffierung in den Skizzen kennzeichnet Gegenstände, die an beliebigen

Bürgerlicher Wohnraum. 1856. Bilderbogen (aus: Dix, 1964)

Massenunterricht in einer englischen Kleinkinderschule nach der Methode Wilderspins, etwa 1830 (aus Dix, 1964)

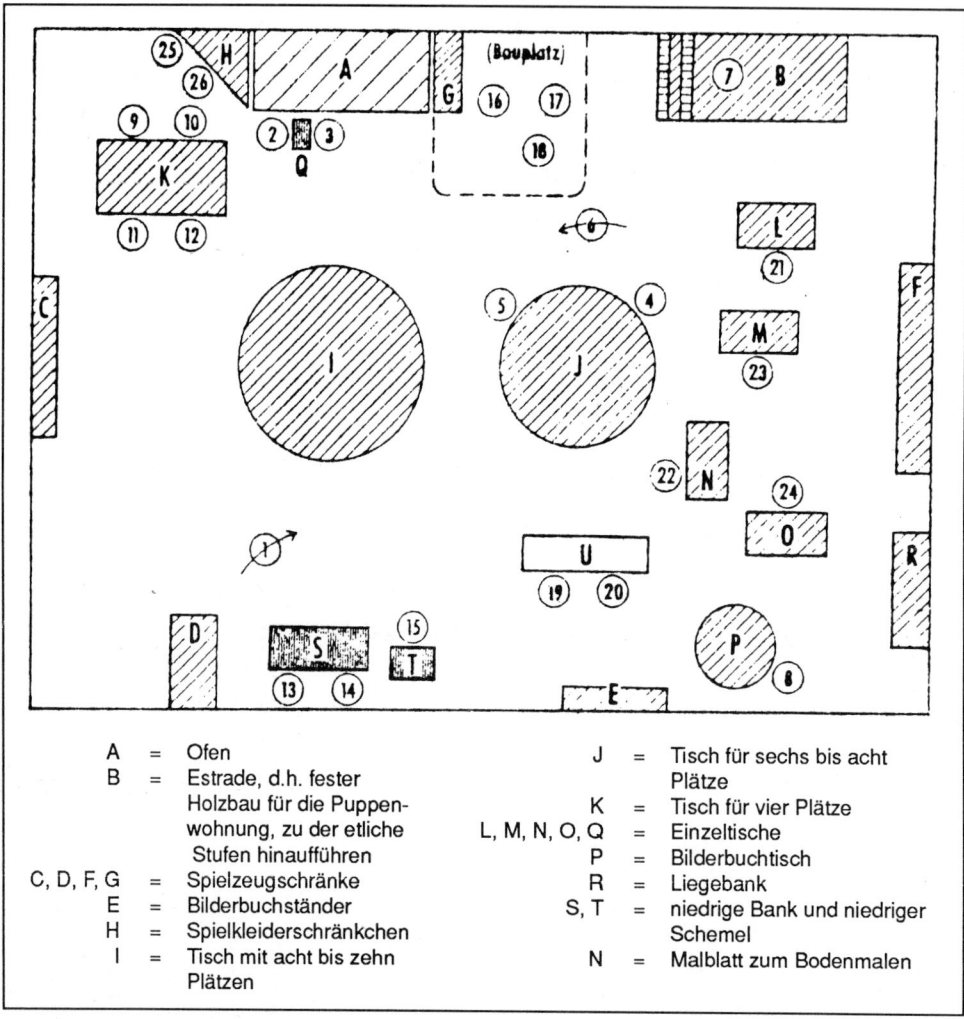

A	=	Ofen	J	=	Tisch für sechs bis acht Plätze
B	=	Estrade, d.h. fester Holzbau für die Puppen- wohnung, zu der etliche Stufen hinaufführen	K	=	Tisch für vier Plätze
			L, M, N, O, Q	=	Einzeltische
C, D, F, G	=	Spielzeugschränke	P	=	Bilderbuchtisch
E	=	Bilderbuchständer	R	=	Liegebank
H	=	Spielkleiderschränkchen	S, T	=	niedrige Bank und niedriger Schemel
I	=	Tisch mit acht bis zehn Plätzen	N	=	Malblatt zum Bodenmalen

Stellen im Raum aufgestellt werden können.

Alle Gegenstände im Raum haben einen bestimmten Grundplatz, an den sie nach dem Gebrauch wieder zurückge- bracht werden. Betrachtet man die Skizze, in der Möbel und Raumteiler ein- getragen sind, so entgeht nicht, daß le- diglich auf der Grundrißebene Möbel ge- stellt werden, mehr und unterschiedli- chere als dies vorher in der Ausstattung von Kindergärten üblich war. Allerdings wird dadurch nicht Einheit, sondern Dis- harmonie durch Vermehrung der Ele- mente und Formen auf der Grundrißebe- ne zustande gebracht. Das charakteristi- sche Merkmal des Raumteilverfahrens ist nicht die Gliederung des Raumes, sondern die Gliederung der Fläche zum Zwecke der Teilung von Kindergarten- großgruppen in Kleingruppen. Um diese Form der Teilung zu erreichen, arbeitet das Raumteilverfahren nach zwei Prinzi- pien, dem der Führung und dem der Freiheit. Führung liegt in den Vorausset- zungen des Raumteilverfahrens, in Ar- beiten, die die Kindergärtnerin leisten muß, ehe das Raumteilverfahren einsetzen kann. Dazu gehört die Unterweisung der Kinder, die Vorbereitung, Bereitstellung und Pflege der Dinge, mit denen die Kinder umgehen sollen, die Planung und Vorbereitung von Raum und Einrichtung, die Anleitung zum Spiel usw. Die Freiheit liegt im Tun der Kinder, zu dem die Vorarbeit der Kindergärtnerinnen hinführt; in ihrer selbständigen Spielwahl und Spielweise, in ihrer spontanen Gesellung zu kleinen Spielgruppen und in der gelegentlichen Distanzierung von der größeren Gruppe zu individueller Betätigung. Zweifellos entstehen durch das Raumteilverfahren verschiedene Spielzonen, Spielräume entstehen dadurch jedoch nicht, und die gewährten Freiheiten sind, wenn man es recht besieht, halbherzig. So geht die Rückzugsmöglichkeit niemals so weit, daß das Kind dem Blick der Kindergärtnerin entzogen wird. Dies ist erst dann möglich, wenn der Rückzugsbereich tatsächlich optisch abgeschirmt wird und nicht auf der Illusion der Abschirmung basiert.

Der Übergang vom älteren Reifungstheorem, das dem traditionellen Kindergarten zugrunde lag, zum Lerntheorem in der Konzeptualisierung der frühkindlichen Erziehung, der sich zu Beginn der 70er Jahre im Kontext der Bildungsreformdiskussion vollzog und dem Kindergarten für ein Jahrfünft mehr öffentliches Interesse sicherte als je zuvor, hatte auch Konsequenzen für die Raumgestaltung und die Ausstattung von Kindertagesstätten. Ein Veränderungsvorschlag, den die in der Reformdiskussion führende Arbeitsgruppe Vorschulerziehung des Deutschen Jugendinstitutes in einem Modellkindergarten verwirklichte, macht deutlich, worum es vor allem ging: Frühförderung durch möglichst viele Angebote zur Betätigung, zur Erkundung und Auseinandersetzung mit der Umwelt. Der Veränderungsvorschlag überzeugt indes nicht:

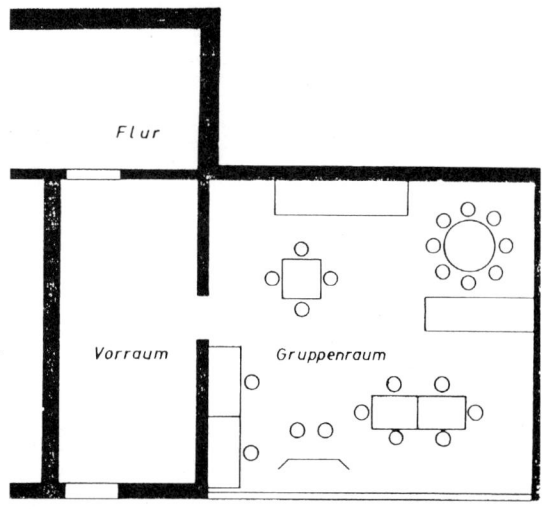

So etwa sah der Gruppenraum vor der Umgestaltung aus

So wurde der Raum verändert

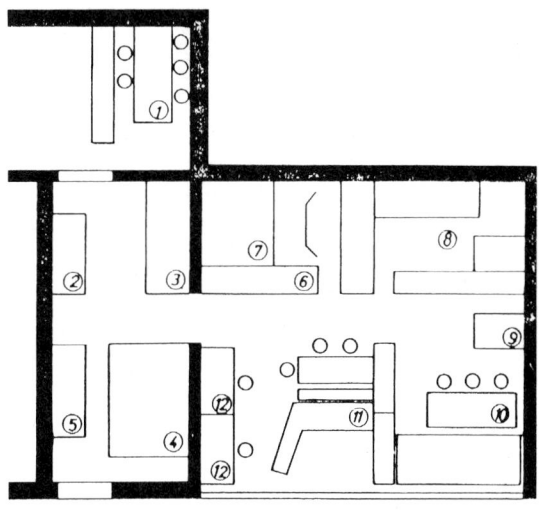

① Frühstücksecke ⑤ Auto ⑨ Experimentierecke
② Schminkecke ⑥ Kochregal ⑩ Bücher- und Spiele
③ Werkecke ⑦ Kasperletheater ⑪ kleines Puppenhaus
④ Puppenhaus ⑧ Bauecke ⑫ Maltisch

Die Ausgangssituation wird von den Autoren (DJI, 1978, 104) so beschrieben: »Der Raum war bis zu diesem Zeitpunkt (der Veränderung) – wie alle anderen Gruppenräume dieses Modellkindergartens auch – ein durchschnittlicher Gruppenraum: es standen Regale an den

Wänden, Tisch- und Stuhlgruppen waren blockweise im Raum verteilt, der Raum war voll überschaubar, die Möblierung entsprach den Vorstellungen der Kindermöbelfirmen.« Mit der Umgestaltung wurden bis dahin ungenutzte »Verkehrsflächen« mit in die bespielbaren Flächen einbezogen, wesentliche Aktivitäten wurden dadurch indes ausgelagert; die Frühstücksecke, die Schminkecke, die Werkecke und das Puppenhaus. Im übrigen ist eine eher bedrückende Situation entstanden. Die große Zahl von Wahlmöglichkeiten, die durch die Ausrichtung des Mobiliars auf bestimmte, nicht allgemeine Aktivitäten gegeben ist, wirkt eher hemmend als stimulierend. Die Umgestaltung ist, wie wir meinen, theoretisch in ihrer Notwendigkeit erfaßt, praktisch aber nicht bewältigt.

Die Kriterien für die Beurteilung der baulichen Gestaltung und Ausstattung von Kindergärten ergeben sich – darauf hat auch die Arbeitsgruppe Vorschulerziehung nachdrücklich aufmerksam gemacht – aus der pädagogischen Konzeption. Der eigenständige Bildungsauftrag der Kindergärten ist in den Kindergartengesetzen, die in den 70er Jahren in den meisten Bundesländern erlassen wurden, festgeschrieben. Er ist auf soziale und pädagogische Hilfen für die Familie, die Erweiterung des Erfahrungsraumes der Kinder, die Erhöhung der Bildungschancen, insbesondere von benachteiligten Kindern und die Förderung der Persönlichkeitsentwicklung ausgerichtet. Der situationsorientierte Ansatz des reformierten Kindergartens zielt darauf, Kindern im Vorschulalter zu helfen, die *Lebenssituationen,* in denen sie stehen, so *selbstbestimmt* wie möglich zu *bewältigen* und die kognitiven, emotionalen und pragmatischen Voraussetzungen selbständigen Handelns zu erwerben. *Selbsttätigkeit, Wahlfreiheit* und *Erfahrungsgewinn* in konkreten Lebenssitua-

tionen bestimmen den Zielrahmen des reformierten Kindergartens, aus dem sich Gesichtspunkte für die räumliche Gestaltung und Ausstattung konsequent ableiten lassen. *Selbsttätigkeit* und Selbstbestimmung werden gefördert, wo die räumliche Gliederung nicht vorrangig nach dem Prinzip der Überschaubarkeit und Kontrollierbarkeit organisiert ist; aber auch dadurch, daß Kinder die produktive Selbsttätigkeit der Erzieher erfahren, an ihrer tätigen Auseinandersetzung mit der Umwelt teilnehmen können.

Deshalb sollten auch alle Aktivitäten, die sich weniger auf das Spiel und stärker auf die Alltagsbewältigung richten, für Kinder zugänglich sein und nicht an die Peripherie ausgelagert werden. Dies gilt vor allem für den sogenannten Koch- und Werkbereich. Selbsttätigkeit wird weiterhin dadurch gefördert, daß die Einrichtung des Kindergartens selbst den Charakter von Spiel- und Handwerkszeug dadurch erhält, daß sie – improvisiert und veränderbar – zum selbsttätigen Umgang herausfordert. Selbsttätigkeit wird schließlich auch dadurch stimuliert, daß die Einrichtung und die Materialien des Kindergartens überwiegend nicht monofunktional, sondern multifunktional angelegt sind, variiert und umfunktioniert werden können, eher »andeutend« als ausgeformt und allgemein zugänglich sind.

Wahlfreiheit in den Aktivitäten wird durch ein stark differenziertes räumliches System mit Rückzugsmöglichkeiten und vielfältigen Betätigungen in dezentraler statt zentraler Raumstruktur begünstigt. *Erfahrungsgewinn* in *konkreten* Lebenssituationen wird vor allen Dingen dadurch erreicht, daß die bauliche Konzeption möglichst wenig ausgelagerte, für Kinder undurchschaubare Bereiche, wie Küche, Büro etc. ausweist. Kontraproduktiv ist in diesem Zusammenhang der ubiquitäre Anspruch, im Kindergartenbereich alle nur denkbaren Gefahrenmomente auszuschalten. Wünschenswert sind dagegen *kalkulierbare Gefahren*, wie sie sich aus Treppen, Kanten, Niveausprüngen, dem Gebrauch realer Werkzeuge usw. ergeben. Die Durchschaubarkeit von Konstruktionen und Materialien schafft ebensosehr eine Atmosphäre der Sicherheit wie die Ausschaltung unüberschaubarer Risiken.

NUR
SELBSTERWORBENES
HAT WERT
UND NICHTS STÖSST DIE
MENSCHLICHE NATUR
WEITER VON SICH ALS
FERTIG DARGEBOTENES.

J. J. BACHOFEN

Ausgangspunkt des Situationsansatzes, der das Konzept des reformierten Kindergartens gegenwärtig bestimmt, ist die Tatsache, daß sich die Bedürfnisse und Fähigkeiten eines Kindes nicht isoliert, sondern im Zusammenhang seiner gesamten Lebenstätigkeit entfalten. Vorausseztung für die umfassend Aneignung der Umwelt ist nicht das abstrakte Training der Wahrnehmungsfähigkeit und der intellektuellen Tüchtigkeit, sondern dessen Einbindung in konkrete Tätigkeit. Die Umweltausschnitte, mit denen das Kind im Kindergarten in Berührung kommt, sollen vielfältig sein, aber diese Vielfalt kann nicht nur quantitativ verstanden werden. Es geht nicht nur darum, eine möglichst große Anzahl sensorisch unterscheidbarer Reize zu präsentieren. Der Versuch, eine materiale Umwelt zu gestalten, die die Persönlichkeitsentwicklung umfassend fördert, kann nicht bei der Frage stehenbleiben, wie die Dinge aussehen sollen, ob sie einfarbig oder vielfarbig sein sollten, usw. Die meisten Diskussionen über Ausstattungsfragen von Kindertagesstätten, an

denen wir teilzunehmen Gelegenheit hatten, griffen solchermaßen zu kurz. Grundlegend ist vielmehr zunächst die Frage, welche Räume überhaupt notwendig sind, um die entsprechenden persönlichkeitsfördernden Aktivitäten an Gegenständen und mit Personen zu ermöglichen und wie die Räume zu gestalten sind. Beispielhaft möchten wir in diesem Sinne den Versuch einer Gliederung von Bedürfnissen auf den Raum hin vorstellen. Wir gehen davon aus, daß Funktions-, Verkehrs- und Nebenflächen in ein solches Konzept einzubeziehen sind, für das wir eine Podestlandschaft vorschlagen. Bei einer Gesamtgrundrißfläche einschließlich der Podestebene von ca. 70 bis 80 Quadratmetern für eine Gruppe von ca. 25 Kindern sollte die Raumhöhe zwischen 2,80 m und 3,40 m variieren.

Die primären Raumgliederungselemente lassen sich auch vom jeweiligen Bodenbelag her bestimmen. 1. fester Bodenbelag: Industrieparkett, Stirnholz, Lärchenriemen; 2. weicher Bodenbelag: Teppichboden, feine Schlingen oder Velours.

1. **Fester Bodenbelag**
   u = unten, auf der Grundebene
   o = oben, auf der Podestlandschaft

- u Essen und Kochen, Geschirr-Reinigen. Die Küchenzeile sollte in den Gruppenraum integriert sein und nicht ausgesondert werden. Tische, Bänke, Stühle unterschiedlich groß, unterschiedlich hoch, unter unterschiedlich hohen Podesten bzw. abgehängten Deckenteilen.
- u Werk-, Bastel-, Zeichen-, Handarbeits- und Malecke mit Wandfeld (keine Tafel, um die Eigenständigkeit gegenüber der Schule zu betonen), auf dem gemalt werden kann. Keramikwasserbecken, Regal- und Stauraum für Material

und angefangene Kinderarbeiten. Werktischplatten aus massivem Fichtenholz 1,00 x 2,00 m, unbehandelt auf festem Holzgestell, um Spuren kindlicher Aktivität besser als das jede Resopalplatte vermag, aufnehmen zu können.

- u/o Betreuen von Pflanzen und Tieren, Vogelhaus etwa 1 cbm, Herbarium, Fischbassin, Zimmerpflanzen, Vorgaben zum Pflanzenziehen. Überleitungen zwischen den Bereichen und nach draußen.

- u Bauplätze, auch auf stufenhoch abgetreppten Podesten, Pfosten eingeschlossen, Bauregale, auch zur Aufnahme von Bauwagen. Bauwerke sollen über Tage stehenbleiben können. Verzicht auf den obligaten Bauteppich, der als Unterlage für das Bauspiel denkbar ungeeignet ist; stattdessen unterfütterte Schalldämmung.

- u Verkaufsladen mit Theke, Kasse, usw., Regal- und Stauraum, Holzkisten, Schübe, unterschiedliche Aufbewahrungsbehälter, Tische zum Spielen mit Gekauftem in der Nähe des Ladens.

- u Gaderobe in separiertem Eingangsbereich mit Sitzgelegenheiten zum Schuhewechseln, Sitzecke für kurze Elterngespräche, Eigentumsfächer für jedes Kind unter Verzicht auf kindische Orientierungszeichen (bunt-, formal kompliziert, fratzenhaft aufdringlich); Schrank, Regal, z.B. für Experimentiermaterial.

- o/u Rückzugsbereiche für einzelne Kinder und kleine Gruppen als Kleinräume mit unterschiedlicher Ausdehnung auf und unter Podesten, Treppenabsätzen, usw. Lager zum Ausruhen und zur stillen Beschäftigung. Regale mit unterschiedlich großen Fächern, Bücherregale, nicht nur – aber auch – zur Schrägansicht.

- o/u Puppenspielbereich: Regale, Puppenstuben, kleine Puppenhäuser, unterschiedlich große, kojenartige Abschnitte, Fenster, Sitzbänke, Tische, Wickelkommoden, Badewannen usw.

- o/u Rollen- und Verkleidungsspiele: große Fächer, Schübe, Kästen, Stauraum, Regale und Podeste.

- o Bereich zum Spiel mit Handpuppen, Stabpuppen und einfachen Marionetten: unterschiedlich große Ausschnitte und Fenster in den Wänden, Lochleisten in der Nähe zum Aufhängen von Puppen, Stockpuppen, Stabmorionetten, Schattenfiguren; Regale mit Material für Farb- und Strukturprojektionen, weißer Wandteil, Wandecke zum Projizieren.

- u Platz für die Kindergärtnerin: Tisch mit Massivholzplatte wie die Kindertische – nur höher, abschließbares Fach im Regal zur Aufbewahrung von Akten, Sitzecke – dies alles in den den Kindern zugänglichen Bereich des Kindergartens integriert.

2. Weicher Bodenbelag

- u Kommunikationszone, Sitzhöhle für alle Kinder, Platz für den »Kreis« in Form einer Sitzlandschaft, für Rollenspiele, zum gemeinsamen Betrachten von Bilderbüchern usw., Puppenecke und Rückzugsangebot.

Sonstiges

Holzwände zum Anbringen von Zeichnungen und Materialien der Kinder, Postern, Plakaten, usw. Pinnwände aus Weichfaserplatten. Regale zum Aufstellen plastisch-körperhafter Kinderarbeiten, Raumteiler, Konsolbretter. Schaukästen zur Aufbewahrung von wertvollem Schaugut; Fenster, die von Kindern geöffnet werden können. Verzicht auf Spielzeuge, die keine realen Tätigkeiten ermöglichen, sondern nur zur Einübung abstrakter Funktionen dienen, z.B. Schrauben, die nur zum Schrauben da sind, mit denen sich aber keine Gegenstände zusammensetzen lassen, Farbplättchen, die nur zur Farbdifferenzierung taugen oder Spielzeug, das nur scheinbar Gegenstände des realen Bedarfs repräsentiert wie z.B. Puppenherde, die aus Holz gefertigt sind, usw. Sichtbarkeit der funktional-konstruktiven Zusammenhänge der Einbauten, Förderung von Neugierverhalten durch Durchblicke, Einblicke, eine insgesamt eher »labyrinthische« als überschaubare Anlage. Entwicklung von Material- und Raumsensibilität durch Treppen, Stufen, Niveausprünge und die nach Materialien differenzierte Bodengestaltung, Bereitstellung verschiedener Materialien, unter anderem Tücher, Latten, Bretter und Befestigungsmöglichkeiten in Decken und Wänden, um die Möglichkeit zur Veränderung des Raumes und zur Schaffung neuer Raumsituationen zu geben. Wechsel von gezielter Tischbeleuchtung und eher diffuser Allgemeinbeleuchtung um dadurch die verschiedenen Nutzungsmöglichkeiten des Raumangebotes zu verdeutlichen.

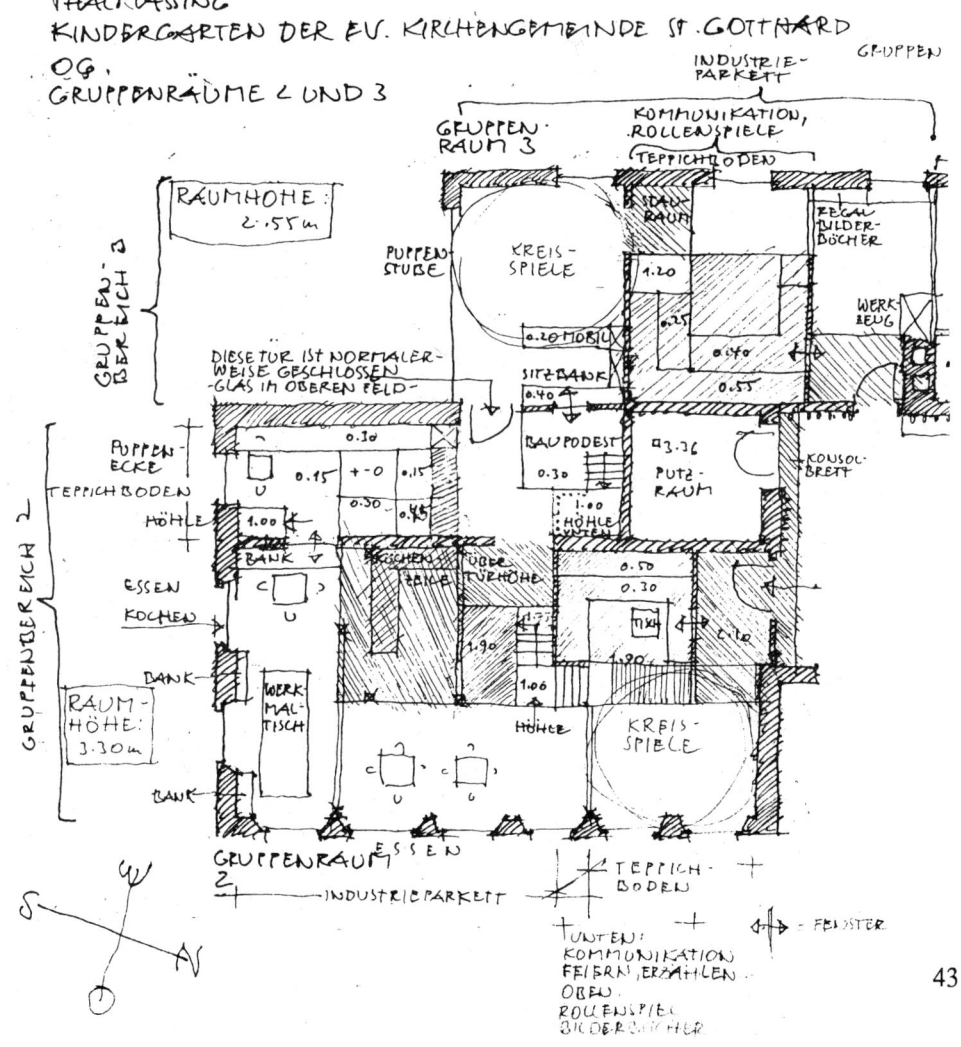

Raumgliederung durch Einbauten

Die Beispiele durch Einbauten gegliederter Räume sind unter dem Aspekt der Unterschiedlichkeit gewählt worden. Von verschiedenen Seiten aus sollen sie die Durchführung von Projekten zeigen, auch die Schwierigkeiten beschreiben, vor denen die Initiatoren stehen können, wenn sie etwa meinen, Gestaltungsprojekte dieser Art wären im Alleingang machbar, gingen von heute auf morgen oder könnten ohne pädagogische Voraussetzungen und Konsequenzen »einfach so« in Gang gebracht werden.

Die Differenzierung von Spiel- und Betätigungsbereichen ist eine Antwort auf differenzierte Bedürfnisse. Während die vorangegangenen Überlegungen grundsätzlicheren Fragen der Gestaltung von Kindertagesstätten galten, soll der nächste Abschnitt der differenzierten Gliederung von Räumen gelten, die nach Planskizzen z.T. gemeinsam mit der Architekturwerkstatt Würzburg und den Mitarbeitern und Mitarbeiterinnen der betroffenen Kindergärten und Horte, oftmals unter Einbeziehung der Eltern verwirklicht wurden.

Hätte Schwester T. vom Kindergarten

Raumlandschaft als Antwort auf differenzierte Bedürfnisse

Kommunkationsbereich für die Gruppe

B. zum Beispiel nicht genau gewußt, was sie wollte – die Räume wären geblieben, wie sie von der Baubehörde geplant waren: im Giebel 4,80 m hoch, ohne irgendeine Zäsur. Das sind für Kindergartenkinder nahezu 3 Meter zu viel.

Die Zwischendecke ist hier auf etwa 2 m Höhe eingezogen. Dreißig Erwachsene haben an Elternabenden und bei Elternkursen schon in dieser Koje gesessen. Das Gespräch ist dichter als anderswo, die Konzentration fällt leichter als in zu groß geratenen, offenen Räumen. Meist wird dieser Bereich von Kindern zum Betrachten von Bilderbüchern, oft aber auch zum Rollenspiel und als Wohnung genutzt. Die Sitz- und Liegeflächen fordern zu gemeinsamem Tun heraus. Einzelne Elemente, wie hier das niedrige Regal, sind in die Öffnung zum Kommunikationsbereich hineingezogen. Es schließt und schafft gleichzeitig eine Überleitung.

Im zweiten Gruppenraum ist die Gemeinschaftsecke links neben dem Treppenaufgang, der Fensterwand gegenüber eingerichtet. Durch Vorhänge läßt sich das Licht regulieren und gegebenenfalls mehr Intimität herstellen. Der Gefahr, es könnte die Konzeption ins Symmetrische geraten, was Fixierung, Starre in Gestaltung und Nutzung bedeuten würde, ist durch ungleichgewichtige Details links und rechts begegnet worden. 25 Kinder finden in dieser Sitzlandschaft Platz, die mit Teppichboden überzogen ist.

In einigen Räumen ähnlicher Art haben wir den Teppichboden als Rückenlehne auch an der Wand hochgezogen. Hier kann man erzählen, sich etwas erzählen lassen, singen, feiern, ausgelassen und auch besinnlich sein. Extreme Lautstärke provoziert diese Umgebung nicht. Schreien, hitziges Schlagen auf Trommel und Pauke bleibt vom Raum

45

Raumerweiterung durch Höhendifferenzierung

Bereich der »Schulanwärter«: der Schule maßvoll angenähert

Frühstücksecke unter einer Empore

her ohne Resonanz, wird nicht verstärkt. Es ist die Verstärkung der Geräusche durch eine Umgebung aus hartem Material, die zur Eskalation führt.

Eine andere Kommunikationsecke mit Podest, auf dem Kinder in zwei Reihen hintereinander sitzen können, verdeutlicht die Notwendigkeit differenzierter Lichtführung. Ein Fenster wurde durch eine Holzfläche geschlossen. Die Gleichung hell = freundlich erweist sich als zu schlicht, um Richtschnur für Beleuchtungsfragen zu sein, denn in der Regel geht es dabei nicht um Mengen sondern um Qualitäten.

Das Bild oben zeigt eine Frühstücksecke, gleichzeitig ein Platz für eine kleine Gruppe von Kindern. Eckbank und Tisch sind aus Massivholz, eine Wandleuchte erhellt den Raum, der mit 1,40 m Höhe den kindlichen Proportionen entspricht.

Die folgenden beiden Bilder zeigen einen Raum in einem Kindergarten einmal vor dem Umbau, der ziemlich genau so gestaltet ist, wie es das »Schmaus-Schörlsche Raumteilverfahren« vorsieht. 80 cm hohe Raumteiler, die, wie an anderer Stelle ausgeführt, im Grunde nur Flächen teilen, uniforme Fenster, gleichmäßige, undifferenzierte Beleuchtung, willkürliche Standorte des Mobiliars kennzeichnen die Situation. Das folgende Bild zeigt, was aus diesem Raum inzwischen geworden ist: eine Podestlandschaft mit vier Ebenen – rechts an der Fensterwand die erste für ein bis vier Kinder. Eines der Fenster ist mit einer Holzfläche geschlossen worden, um den Kindern zu ermöglichen, sich bei gedämpfterem Licht dort intensiver, konzentrierter betätigen zu können. Die zweite Ebene ist über eine Treppe zu erreichen. Der Ausschnitt über die Brüstung ist für das Puppenspiel gedacht, das hier von den Kindern ebenso wie von professionellen Spielern, die im Kinder-

47

Kindergarten vor ...

... und nach der Umgestaltung

Einbauten in einem Durchgangsraum mit langgestrecktem Grundriß

garten öfter zu Gast sind, betrieben wird. Der Platz darunter wechselt oft seine Bestimmung, ist aber als tiefe Höhle, in der die Eisenbahn samt Schienen über Tage stehenbleiben kann, sehr beliebt. Hinter der Puppenrampe befindet sich ein Bereich, der wie die beiden höchsten Bereiche besonders für Verkleidungs- und Rollenspiele geeignet ist. Unter diesen beiden hohen Räumen ist der Eingang in den Gruppenraum. Leute, die sich sehr groß dünken, müssen ein wenig den Kopf einziehen. Das schadet nicht: so merken sie, daß sie in ein Haus für Kinder kommen.

Eingangstüren in den Gruppenraum oder zwei Türen, die über Eck liegen, bieten sich zum Überbauen an, weil dieser Bereich als Verkehrszone nicht anders genutzt werden kann.

Hier wird die obere Etage von der Treppe aus nach beiden Giebelseiten hin erschlossen. Kinder, die sich dorthin zu-rückziehen, sind nicht vom Geschehen im unteren Bereich abgesperrt: Sie können sehen und hören, was dort vor sich geht. Die räumliche Gliederung unterliegt nicht dem Prinzip totaler Überschaubarkeit. Beim freien Spiel wenden sich die Erzieherinnen den Kindern zu. Sie haben nicht mehr von einem Punkt aus alle Aktivitäten im Blick; das wird oftmals kritisch vermerkt, aber auf eingehenderes Befragen wird deutlich, daß dies auch in offeneren Raumsituationen nicht immer zu leisten ist. Die Forderung, Kindern ein differenziertes räumliches Ambiente zur Verfügung zu stellen, das Wahlfreiheit ermöglicht, ist hier erfüllt. Allerdings ist anzumerken, daß sich die Decke mit den ornamentalen Schattenfugen in die Gesamtgestalt nicht integriert. Sie mußte als Vorgabe hingenommen werden.

Bei der Gliederung von Räumen kann gelegentlich auch vom Fußboden ausge-

Eine »Brücke« verbindet die beiden ausgebauten Giebelseiten des Hauses

Fester und weicher Fußboden als Orientierung für unterschiedliche Tätigkeiten

Spielbereiche im Gruppenraum

gangen werden, der zwar überall fußwarm sein soll, aber dabei doch unterscheidbar, fest und weich. Im vorderen Teil des Raumes wird gegessen, gemalt und mit Bauklötzen gespielt. Deshalb besteht der Fußboden aus Fichtenriemen. Im hinteren Raumteil, durch Zwischenwände vom vorderen unterschieden, schließt sich rechterhand eine Ecke an, in der sich die ganze Gruppe versammeln kann, dann folgt eine Ecke für Brett- und Gesellschaftsspiele, die manchmal aber auch als Puppenecke genutzt wird. Insgesamt können sich so kleine Gruppen bilden, die sich durch Sichtbeziehungen nicht mehr stören. Wenn Kinder die Möglichkeit haben, sich zu zerstreuen, weil es an vielen Stellen Interessantes gibt, das man ungestört wahrnehmen kann, tun sie es.

Die räumliche Differenzierung erweist sich erfahrungsgemäß auch als Entlastung der dort tätigen Erzieher.

Die Höhle unter dem Podest wird vielfältig zum Bauen genutzt, man kann darin alles stehen lassen, ohne daß es den Betrieb stört. Die Treppe führt zu einem Lagerraum für Material auf der Empore. Für ihn war unten trotz Raumteilern und Regalen kein Platz mehr.

Vermutlich ist es die Nutzungstradition, die bewirkt, daß selbst ein kleiner Raum viele Kinder zum Bauspiel aufnimmt. Sicher ist es der Geist der Kindergärtnerin, der sich so auf ihn überträgt, daß das Konstruktionsspiel trotz der selbstgewählten Dichte in konstruktiven Bahnen verläuft; aber genauso sicher tragen auch die nachträglich eingezogenen Holzwände dazu bei, die den Schall nicht verstärken, sondern dämpfen.

Die Bauecke hat seit Fröbels Tagen mit Baukästen und Bauklötzen, den ursprünglichen elementaren Spielgaben, später auch den Ankerbaukästen und

Ein Baupodest aus alten, mit Linoleum beschichteten Platten

Die Kinder haben eine schiefe Ebene an ihr Podest gebaut

Ein Raumdetail mit Sitzecke für mehrere Kinder unten; oben Rückzugsmöglichkeit für Puppen- und Rollenspiele

Treppe zum Materiallager

den Bausteckspielen eine lange Tradition. Es eigenen sich dafür Ecken, Nischen, Höhlen, aber auch Baupodeste mit Höhenunterschieden, auf denen sich auf schiefer Ebene Wagen bewegen lassen.

In einer viergruppigen Kindertagesstätte mit Schulkindergarten gibt es außer den eigens dafür vorgesehenen Betätigungsplätzen in den Gruppenräumen, Mal- und Werkplätzen seit kurzem einen Tonbereich, bestehend aus einem Arbeitsraum mit großem Tisch und einer gleichfalls unbehandelten Werkplatte, an der auch Kleinere auf einem stufenhohen Podest stehend bequem formen können. In besonderem Maße profitieren von diesem Angebot Kinder aus dem Schulkindergarten, ängstliche und gehemmte, die hier Gelegenheit finden, aus sich heraus zu gehen.

Im Vorraum, wo das Wasser, die Tonaufbewahrung und Tonaufbereitung ist,

Großer Arbeitstisch im Tonraum

Vorraum der »Töpferwerkstatt« mit Aufbereitung, Glasurlager und Brennofen

steht ein elektrischer Brennofen (vorn links im Bild), damit die Arbeiten der Kinder, oft zart und zerbrechlich, wenn sie getrocknet sind, auch gebrannt werden können, um dauerhaft zu werden. Die Wandplatten über dem Wasser- und Tonbereitungsplatz haben die Kinder selbst geformt. Solche Kinderarbeiten von unterschiedlichen Formaten lassen sich ebenso wie Zeichnungen und Malereien als sichtbare Spuren ihrer Betätigung am besten in gegliederten Wänden anordnen. Auf weiten Wandflächen wirken sie verloren, verstärken den Eindruck der Unbehaustheit.

Bei seiner spannenden Tätigkeit, Spuren in einer Tonplatte zu hinterlassen und diese mit den Augen staunend zu verfolgen, ist das Kind vom Photographen unterbrochen worden.

Auch der Verkaufsladen konnte in die Spiellandschaft integriert werden.

Eine in den Flur eingebaute Garderobe hat dort Platz gefunden, wo der Raum zunächst ungeschmälert Zusammenkünften der Gemeinde und der Eltern vorbehalten bleiben sollte. Durch die Einbauten sind drei in etwa quadratische Zonen entstanden. Hinten im Bild ein Vorplatz für eine Gruppe und vor der Bildebene der Vorplatz für die andere; alles erhellt durch Lichtkuppeln im Flachdach. So kann aus einer Verkehrszone ein differenzierter Raum werden. In langen Gängen ist sehr häufig die Garderobe ein Stein des Anstoßes. Da man sie nicht in Gruppenräume legen darf und auch sonst gewöhnlich nirgends Platz dafür ist, ist guter Rat teuer. Wirklich ist solchem Dilemma nur durch erheblichen Aufwand beizukommen. Man müßte den Raum erweitern und den Eingang verlegen, denn der Eingang, der oft durch die Garderobe und die mit ihr Beschäftigten verstopft wird, ist nicht nur optisch, sondern auch funktional und

Bei der Tonarbeit überrascht

stimmungsmäßig so bedeutsam wie der Anfang des Tages.

Alltag im Kindergarten – Bericht einer Erzieherin:

Geplant haben ein Architekt und ein alter Pfarrer. Als der Bau fast fertig war, bemühte man sich um die Kindergärtnerin. Bei der Aufnahme wurden nur 5jährige Kinder ausgewählt, angeblich, um sie gut auf die Schule vorbereiten zu können. Ich war darüber empört und führte die altersgemischten Gruppen ein. Bald danach konnte ich meine Vorgängerin besser verstehen. In diesem schlauchartigen, unübersichtlichen Raumsystem war es viel leichter, mehr oder weniger autoritär »Schule zu spielen«, als einer altersgemischten Gruppe gerecht zu werden. Die jüngeren Kinder wurden hier überfordert. Sie mußten zur Toilette ca. 20 Meter zurücklegen, ebenso, wenn sie Wasser oder

etwas aus der Putzkammer brauchten. Es wurde Anlauf genommen, der Flur forderte dazu ja förmlich heraus, man konnte nicht mehr bremsen – und es knallte. Es gab viele Zusammenstöße, Nasenbluten und Beulen und einmal Gehirnerschütterung. Ich selbst mußte viel zu viel Aufmerksamkeit für die Kontrolle und Beaufsichtigung investieren, statt mich auf pädagogische Anregungen und Hilfestellungen zu konzentrieren. Die Regel, sich beim Verlassen des Raumes abzumelden und beim Wiederkommen sich bemerkbar zu machen, brachte den Kindern wie mir viele unnötige Schwierigkeiten. Öfter waren die Kinder abgehauen, ohne daß ich es gemerkt hatte. Dadurch wurde ich unruhig, war sehr angespannt und zu den Kindern zu streng. Sooft die Hausglocke läutete, wünschte ich mir Rollschuhe, um schnell wieder im Gruppenraum zu sein. Für das Anschaffen einer Türautomatik hatte der Träger kein Verständnis. »Ihre Vorgängerin hat nie gejammert und ist auch ohne so etwas ausgekom-

Ein Verkaufsladen wurde in die Spiellandschaft einbezogen

In den Flur eingebaute Garderobe

men«, gab er mir zur Antwort. Die belastend-
ste halbe Stunde war in diesen Räumen die
Abholzeit. Wir führten zwar gleitende Abhol-
zeiten ein, trotzdem war in dem schmalen
Flur ein Gedränge und Geschrei, ganz
schrecklich. Für die Kinder war das der letzte
Eindruck vom Kindergarten.

In diesem Flur konnte auch keine Kommu-
nikation zwischen den Eltern zustande
kommen. Hier sah man nie Erwachsene zusammen plaudern. Ich hatte den Eindruck,
jeder war heilfroh, wenn er wieder draußen
war.

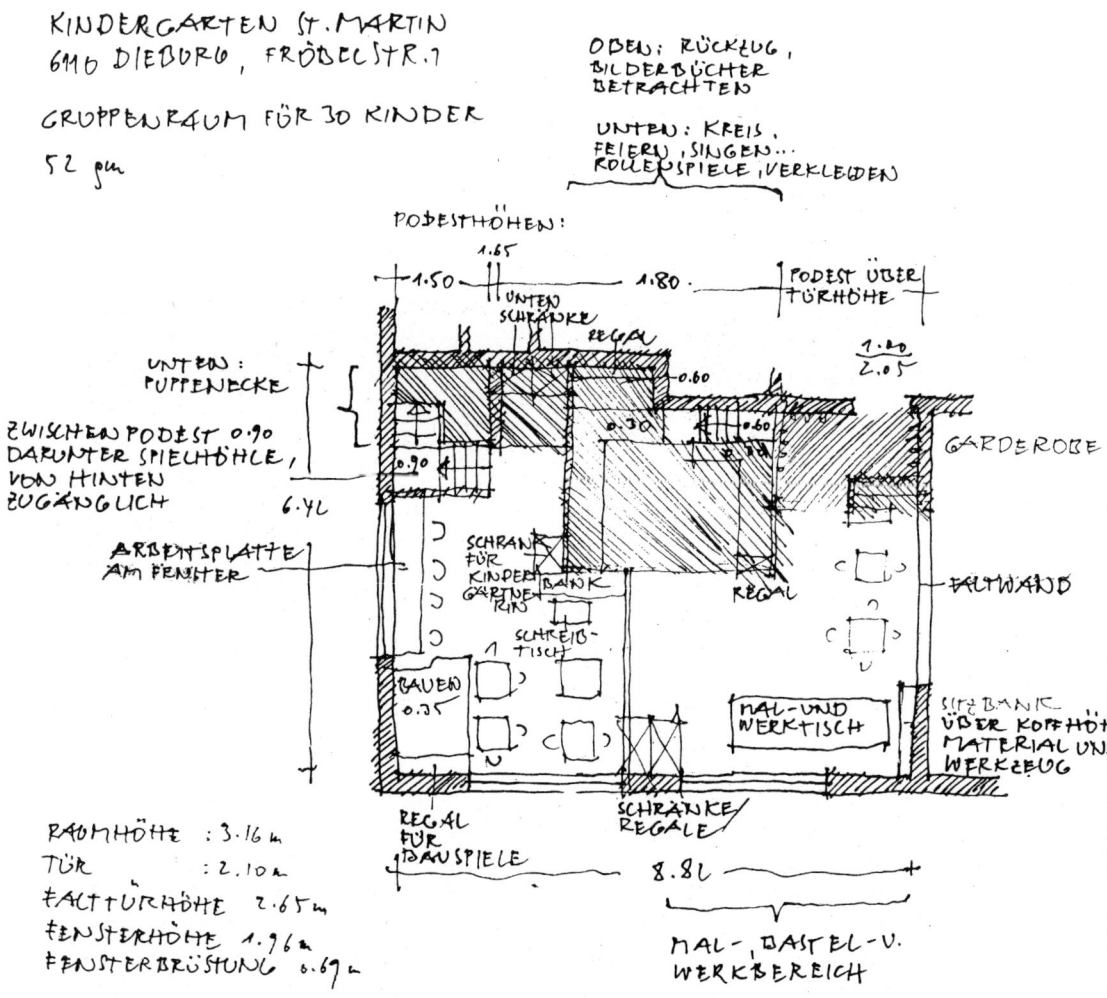

KINDERGARTEN ST. MARTIN
6110 DIEBURG, FRÖBELSTR. 7

GRUPPENRAUM FÜR 30 KINDER
52 qm

ODEN: RÜCKZUG,
BILDERBÜCHER
BETRACHTEN

UNTEN: KREIS,
FEIERN, SINGEN...
ROLLENSPIELE, VERKLEIDEN

PODESTHÖHEN:
1.65
1.50   1.80   PODEST ÜBER
                        TÜRHÖHE
        UNTEN
        SCHRÄNKE
                REGAL
                    1.20
                    2.05
UNTEN: GARDEROBE
PUPPENECKE
ZWISCHENPODEST 0.90
DARUNTER SPIELHÖHLE,
VON HINTEN
ZUGÄNGLICH
            6.41
ARBEITSPLATTE   FALTWAND
AM FENSTER
        SCHRANK
        FÜR
        KINDER
        GÄRTNE-   BANK   REGAL
        RIN
        SCHREIB-
        TISCH
BAUEN   SITZBANK
0.35   ÜBER KOPFHÖH'
                MAL- UND   MATERIAL UND
                WERKTISCH   WERKZEUG

RAUMHÖHE : 3.16 m
TÜR   : 2.10 m
FALTTÜRHÖHE 2.65 m
FENSTERHÖHE 1.96 m
FENSTERBRÜSTUNG 0.69 m

REGAL
FÜR
BAUSPIELE

SCHRÄNKE/
REGALE

8.82

MAL-, BASTEL- U.
WERKBEREICH

58

Raumaneignung durch Tätigkeit
Mitwirkung von Erziehern, Eltern, Kindern bei Einbauprojekten

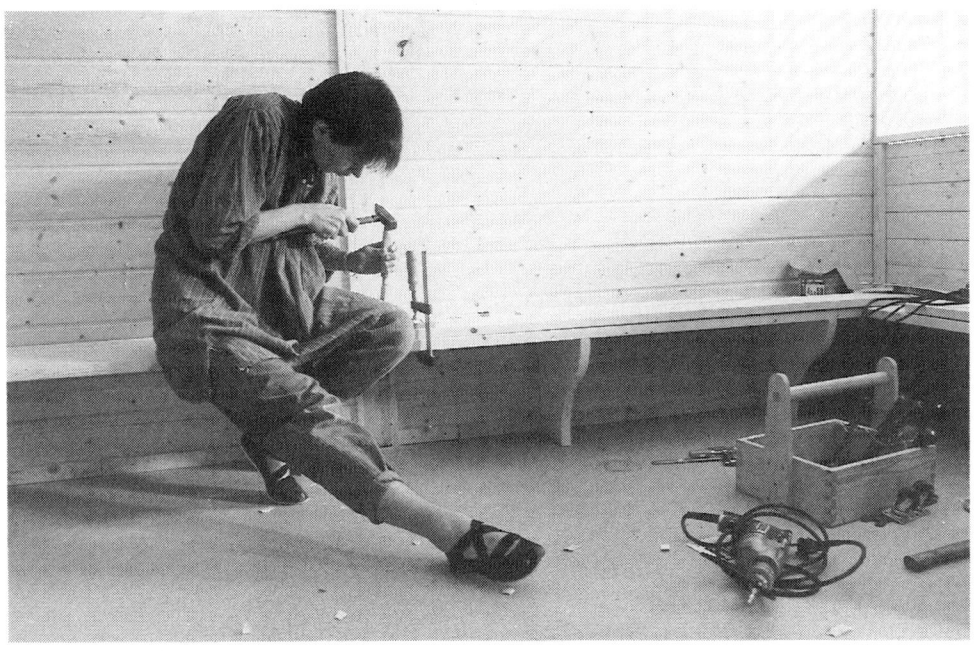

Wirksame Raumaneignung vollzieht sich nur tätig – Erzieherin bei der Arbeit in ihrem späteren Gruppenraum

»Unser Umgang mit Gebäuden«, resumierte der Architektursoziologe Lucius Burckhardt 1976, »mit Schulgebäuden und Kindergärten, beruht auf der Konvention, Gebäude seien nach der Bauzeit vollendet. Während der Bauzeit darf das Gebäude nicht benutzt, während der Benutzungszeit darf nicht gebaut werden. Werden Veränderungen allzu dringlich, wird die Benutzung unterbrochen und eine neue Bauzeit eingeführt: dann werden plötzlich die Räume lebendig, Wände können versetzt, Türen durch-

brochen oder vermauert werden; nach dem Umbau sind die alten Räume kaum mehr zu erkennen. Finanziell drückt sich diese Konvention in der strikten Trennung von Baukosten und Betriebskosten aus. Während des Bauens fließt das Geld in Strömen (wenn auch der Architekt pflichtgemäß das Gegenteil behauptet) und manche hübsche Idee des Planers läßt sich verwirklichen, die sich später als überflüssig erweist. Nach der Fertigstellung haben die Benutzer die größte Mühe, Geld auch nur für einen größeren

Pappkarton oder ein paar Dachlatten aufzutreiben, um eine Spielecke abzugrenzen. Diese Trennung von Bauen und Benützen, die durch die bloße Vermehrung der Räume nicht gemildert wird, ist eine der Ursachen der Entfremdung, die unsere Kindergarten- und Schulbauten ausstrahlen.«

Das Raumgestaltungskonzept zielt darauf, die Trennung von Bauen und Benützen durch die aktive Einbeziehung von Erziehern, Eltern und Kindern aufzubrechen. Es beschränkt sich dabei im wesentlichen auf den Innenausbau, der dem Laien am ehesten zugänglich ist. Diese Mitwirkung geschieht zumeist im Rahmen von Projektwochen, die im folgenden beispielhaft verdeutlicht werden sollen. Die Projektwochen sind eingelagert in vor- und nachbereitende Aktivitäten, die der Planung und Auswertung dienen.

Das hier vorgestellte Beispiel bezieht sich auf eine Kindertagesstätte der AWO im sogenannten »Kasernenviertel« von Würzburg. Das Gebäude war ursprünglich Soldatenunterkunft, wurde zwischenzeitlich kurz nach dem Kriege in einen Metzgerladen umgewandelt und schließlich dann teilweise zur Kindertagesstätte umfunktioniert. Man begann im ehemaligen Metzgerladen, konnte dann später einige Räume hinzumieten, die allerdings um einen Meter höher liegen und durch eine doppelflügelige Blechtür erschlossen werden. Mittags schlafen die Kinder im Souterrain, in einem ehemaligen Luftschutzkeller, in den eine Wendeltreppe hinunterführt. Ein Spielplatz mit einigen Geräten schließt sich draußen an die Tagesstätte an. Er dient als offenes Angebot allen Kindern der Gegend. Die Räume waren so hergerichtet worden, daß sie den gesetzlichen Bestimmungen zwar entsprachen, für die pädagogische Arbeit aber wenig Stimulation hergaben. Da waren zwei gleich große Räume, aber nur in

einem hielt man sich auf, während im zweiten lediglich gegessen wurde. Manchmal fanden dort auch mit schwierigen Kindern Einzeltherapien statt, dafür wurde dieser Raum indes als zu groß und zu ungemütlich empfunden. Das Leiterinnenzimmer war nur zu erreichen, wenn man alle Räume durchquerte. Die Möglichkeit, am Eingang gleich mit den Müttern zu sprechen, ohne sie durch den ganzen Kindergarten zu bitten, war nicht gegeben. Die Garderobe gleich hinter der Tür war dazu zu eng und bot sich für solche Gespräche nicht an. Mitte des Kindergartens war eindeutig die breite Treppe zwischen den versetzten Räumen und die dort befindliche, angeblich aus Sicherheits- und Feuerschutzgründen unverzichtbare doppelflügelige Blechtüre, die vielen Kindern mangels anderer Anregungen dazu diente, sich lautstark Gehör zu verschaffen, schepperten doch die beiden Eisentüren beim Schließen so, als würde auf Bleche geschlagen werden«. Dies wiederum führte dazu, daß der Geräuschpegel in der Kindertagesstätte insgesamt ungewöhnlich hoch war. In dieser für die pädagogische Arbeit in jeder Hinsicht unbefriedigenden Situation wandten sich Vertreter des Trägervereins und die Kindergartenleiterin an das Heilpädagogische Seminar Würzburg, dessen Studienstätte ganz in der Nähe liegt und baten, ein Konzept zu erarbeiten, das die pädagogische Komponente mit der innengestalterisch-baulichen verbinden sollte. Mit allen Beteiligten fanden daraufhin Gespräche in der Kindertagesstätte statt, um sich ein umfassendes und möglichst konkretes Bild über die Bedürfnisse der Kinder und die pädagogischen Vorstellungen der Erzieher zu verschaffen; weiterhin wurden andere Kindertagesstätten besichtigt, in denen versucht worden war, die pädagogische Arbeit durch ein entsprechendes räumliches Konzept zu fördern. Es galt, die dort gesammelten Erfahrungen auszuwerten. In der Planung wurden folgende Punkte festgehalten:

– das Zimmer der Kindergartenleiterin sollte in die Nähe des Eingangs verlegt werden, um dadurch kürzere Wege und die Möglichkeit zum Elterngespräch beim Abgeben und Abholen der Kinder zu erreichen;

– das alte Leiterinnenzimmer sollte der in der Einrichtung tätigen Heilpädagogin zur Verfügung gestellt werden, die für ihre Einzel- und Kleingruppenspieltherapiestunden keinen großen Raum benötigt, sondern eher auf die Intimität der Kleinräumigkeit angewiesen ist;

– Küche und Toiletten sollten vom Gruppenraum her unmittelbar zugänglich sein, deshalb war es erforderlich, an der geeignetsten Stelle eine Tür aus der Wand zu brechen;

– die Verbindungstreppe zwischen den beiden Gruppenräumen sollte vorgerückt und um ein Podest erweitert werden. Von diesem Podest aus war ein Zugang zu den Toiletten und auch zu dem Nebenraum möglich. Von ihm aus sollte man auch auf die Ebene hochsteigen können, die für Rollenspiele über der Kommunikationsecke geplant war. Für den zweiten Gruppenraum wurde ein integriertes Spielpodest vorgesehen und unter einer abgehängten, also niedrigeren Decke der Eßplatz für etwa 15 Kinder mit Eckbank.

– Für den Spieltherapieraum der Heilpädagogin wurde eine besonders differenzierte Gliederung gewünscht, um die angestrebte größere Selbstsicherheit der meist milieu- und verhaltensgestörten Kinder durch die Geborgenheit in Ecken und Höhlen zu unterstützen. Regal- und Schrankraum mußte für Material und Spielsachen vorgesehen werden; eine Schreibecke mit Aufbewahrungsgele-

Gesprächsrunde zu Beginn einer Einbautenwoche

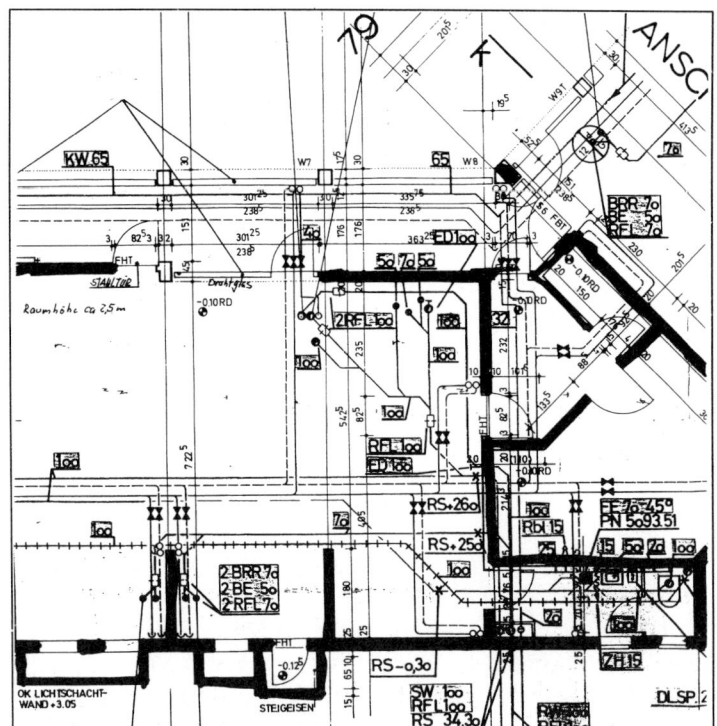

Ähnlich verwirrend sind Grundrißpläne häufig. Sie schließen die aktive Mitwirkung von Laien – und als solche gelten Eltern und Erzieher allemal – nahezu aus

genheit für Akten und eine Gesprächsecke, die gleichzeitig Arbeitsplatz für Kinder sein sollte, waren ebenso gewünscht.

Zwölf Studierende der Heilpädagogik, alle handwerkliche Laien, ein Hausmeister und ein Ersatzdienstleistender haben dieses Einbauprojekt in einer verlängerten Woche vom 15. bis 26. April 1985 und an drei weiteren Wochenenden im Zeitraum von einem Monat bewältigt. Zu Beginn des Projektes war die Skepsis bezüglich der eigenen Leistungsfähigkeit groß. Von den weiblichen Teilnehmerinnen hatten die meisten noch nie gesägt, einige noch nie gehämmmert, niemand mit einem Stecheisen gearbeitet; Anschlagwinkel, Schmiege und Hobel waren fremd. Auch mit der Kreissäge, der Handkreissäge, der Hobelmaschine und der Bohrmaschine hatte noch niemand gearbeitet. Nicht nur dem Einrichtungsträger kam unter diesen Bedin-

gungen das Vorhaben verwegen vor. Allein die Gespräche mit Mitarbeitern aus anderen Einrichtungen, die schon in ähnlicher Weise gearbeitet hatten, überzeugten. Die anders gelagerten Arbeiten, die zu Ende des Projektes anfielen, stießen da schon auf weniger Selbstzweifel und Skepsis: die Räume mußten angestrichen werden, die meisten Flächen weiß, einige wenige, hauptsächlich in den Höhlen, englisch-rot. Es wurden braune Weichfaserplatten als Pinnwände angebracht; die Fußbodenleisten, die die Räume, Trauerrändern gleich, rahmten, entfernt, und das Licht (Leuchtröhren) wurde von der Decke weggenommen und dorthin gesetzt, wo es gebraucht wurde. Nimmt man alles zusammen, dann fallen während einer Projektwoche Arbeiten an wie sie im Schreiner-, Zimmermanns- und Malerhandwerk vorkommen; vor allem aber geht es darum, die durchaus unterschiedlichen Denkansätze der Pädagogen und der Architekten zumindest versuchsweise zu integrieren. Dies wird nicht zuletzt auch dazu helfen, die eigene Position zu klären und – das gilt vor allem für Pädagogen – aus der vielfach notorischen Sprachlosigkeit gegenüber Architekten und Planern herauszufinden.

Für den Laien wird das Lesen von Architekturplänen oft dadurch erschwert, daß sie nicht den Raum betreffen, nicht seine Dreidimensionalität, sondern nur die Flächen. Daß in den Plänen nur Zeichen von Flächen zu erkennen sind, führt zur Übergewichtung der flächigen Aspekte, d.h. der Zweidimensionalität, besonders der Grundrißebene. Das Denken bleibt dann oftmals an Flächen gebunden und so werden Räume durch Begrenzungen – den Fußboden, die Wände und die Decke – definiert. Was dazwischen ist, der eigentliche Raum, bleibt buchstäblich Luft und aus der Planung ausgeblendet.

Andererseits gilt aber auch, daß es dem Laien in aller Regel schwer fällt, seine räumlichen Vorstellungen in die Zweidimensionalität der Skizze umzusetzen, um sich so den anderen Projektbeteiligten mitzuteilen. Dies wird wesentlich durch den Bau von Modellen während der Projektplanung erleichtert. Auch für die Vorstellung von Zusammenhängen ist das Modell am besten geeignet. Dabei ist es notwendig, Figuren in Erwachsenengröße, besonders aber auch Figuren in Kindergröße einzufügen, damit sich ein realistisches Bild von den Proportionen ergibt. Während sich für kleinere Einbautenaktionen, so wie im vorliegenden Beispiel, das Modell eignet, ist für größere Projekte unbedingt ein sukzessiver Ausbau, der von beispielhaften Situationen und Räumen ausgeht, zu empfehlen.

In der Würzburger AWO-Kindertagesstätte wurden die Ideen, die während der Planung zusammengetragen worden waren, zunächst in ein Modell

Ein Modell im Maßstab 1:20, von Laien entwickelt ...

... und Fotos von der Verwirklichung

Ein Treppenpodest – konstruktiv durchschaubar

umgesetzt. Die für den rückwärtigen Teil des Gruppenraumes vorgesehene Podestlandschaft ist im wesentlichen so ausgeführt worden, wie sie im Modell vorgestellt wurde: rechts unten die Kommunikationsecke für alle Kinder, links davon Höhlen und im oberen Teil findet sich Platz für Rollenspiele u.ä. Nur die Blende der Podestlandschaft hat sich wesentlich geändert.

Den Gruppenraum zeigt die Kamera zur Fensterwand hin gedreht. Links fällt der Blick in den Nebenraum, wo an der Eckbank des Eßplatzes gearbeitet wird.

Das letzte Bild zeigte ein Detail vom Treppenpodest und den Höhlen, die darunter entstehen. Die Ausführung läßt an Zimmermannsarbeit denken. Präzise sind die parallel zu den Treppenwangen gesetzten Handläufe in die Pfosten eingelassen. Das Denken liegt offen: Stütze und Last sind aus der Konstruktion erkennbar, begreifbar. Die konstruktive

Durchschaubarkeit verdient nicht nur deshalb besondere Betonung, weil sie anders als verdeckte Konstruktionen für den Laien leichter herstellbar ist, sondern vor allem deshalb, weil den Kindern als späteren Benutzern ein Stück ihrer gegenständlich erfahrbaren Umwelt auf diese Weise transparenter wird.

Für eine solche Konstruktion sind drei unterschiedliche haptisch-visuelle Wirkungen vorstellbar: die graphische, die flächige und die räumliche. Die erstgenannte Wirkung entsteht, wenn auf dem Reißbrett gezeichnete Linien für die bauliche Ausführung maßgebend sind. Das können dann Leisten sein oder auch Schattenfugen, die ja genau besehen eine Umkehrung der Profilleiste darstellen. Eine flächige Wirkung tritt ein, wenn z.B. hauptsächlich die Maserung des Holzes betont wird oder Wandflächen farbig unterschieden werden. Eine räumliche Wirkung entsteht dagegen erst durch das winklige Zusammenfügen von Elementen. Sie liegt im Umfangen. Die Höhle ist ihre markanteste Ausprägung. Die erste Betonung birgt die Gefahr des Formalismus in sich, die zweite die der Oberflächlichkeit, die dritte sicher auch die der allzu behütenden Gebärde. Nur sind wir selbst nicht primär Linie oder Fläche, sondern Körper, und insofern ist der Raum eine Antwort auf unsere leibliche Existenz.

Eine räumliche Situation wird spürbar verändert, wenn ein Podest entsteht aus den Elementen Punkt, Linie und Fläche. Punkt, das ist z.B. das Ende eines Balkens, oder auch eine in den Raum ragende Ecke; Linie, das ist z.B. ein Balken, der frei steht und dessen beide Enden deutlich erkennbar sind, während sich Flächen z.B. aus Brettern ergeben, die zu einer erhöhten Ebene zusammengefügt sind oder auch zu einer Wand. Aus der Zusammenschau dieser Elemente erfassen wir – jeweils unter standortabhängigen besonderen perspektivischen Eindrücken – Raum: nicht als Summe von Teilen, sondern zunächst als Ganzheit.

Wenn die gedankliche Auseinandersetzung mit den Abhängigkeiten zwischen kindgemäßen Proportionen, Aktivitäten und erforderlichen räumlichen Dimensionen jeweils unter einem bestimmten Nutzungsaspekt – z.B. dem der Bauspiele – erfolgt ist, und wenn man Sicherheit darüber gewonnen hat, auf welchen Raum, auf welchen spezifischen Raumzuschnitt man sie anwenden soll, ist die konkrete Planung der nächste Schritt in der Projektentwicklung. Die Planung steht grundsätzlich unter den Gesichtspunkten *Differenzierung* und *Integration*. Mit dem Zeichenstift auf einem Blatt Papier wird wohl meist die Umsetzung ins Konkrete beginnen, wobei Grundrißzeichen und Räumlich-Perspektivisches durcheinander eingetragen werden. Allen Planungen zur Gestal-

tung von Räumen gehen intensive Gespräche voraus, die sich auf die realen Bedürfnisse und die aus pädagogischen Gründen zu entfaltenden Bedürfnisse der Kinder richten. Sie werden der Planung zugrunde gelegt. Ratsam ist es dann, sich Vergleichszahlen in anderen Einrichtungen zu besorgen, mit Maßstab und Papierblock Besichtigungen durchzuführen, bei denen haptische Eindrücke so wesentlich sind wie optische. Kinder und Erwachsene in unterschiedlich weiten und unterschiedlich hohen Räumen, in klein- oder großräumigen Verhältnissen, in Ruhe und Bewegung, beim Spielen, bei alltäglichen Verrichtungen, im Gespräch oder bei Erzählungen zuhörend zu beobachten, und sich jeweils vorzustellen, welche Proportionen und Distanzen für diese Betätigungen die geeignetsten sind, ist Gegenstand der Erkundung.

Zur großzügigen Verteilung der Aktivitäten, die lokalisierbar sind, und die vielleicht schon in zwei Ebenen unterge-

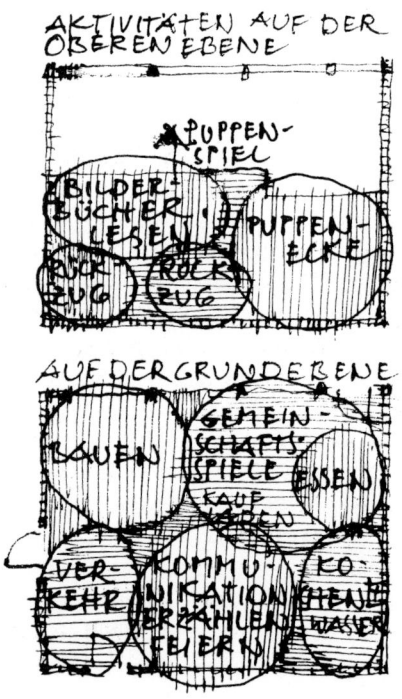

bracht denkbar sind, ist in den maßstäblichen Grundriß mit genauer Eintragung der Positionen von Türen und Fenstern und mit Kreisen, in die die Funktionen geschrieben werden, zu beginnen. Sich langsam vortastend und wie im Spiel, das in einer anderen Dimension, aber doch in gleicher Intensität dort stattfinden soll, immer wieder die Bereiche austauschend und verschiebend, werden sich die Planer zurechtfinden. Die Vorgaben lassen sich dabei natürlich nicht auslöschen: die Fenster, an die man mit Zwischenetagen schlecht anschließen kann, die Position des Waschbeckens, das nur an dieser Stelle zu einer Küchenzeile erweitert werden kann, die Heizkörper, die von unten Luftzufuhr und nach oben Luftabfuhr brauchen und die möglichst nur nach Absprache mit Fachleuten durch Podeste umbaut werden sollten, die Türhöhen, die nicht verändert werden können, obwohl sie meistens niedriger ausfallen sollten.

Es ist nicht zweckmäßig, sich über Details in dieser Phase der Planung den Kopf zu zerbrechen, besonders nicht über solche Details, die das Licht im Raum zur Voraussetzung haben. Das betrifft vor allem auch die Öffnungen, die man gern in der oberen Etage gleich genau zeichnen möchte und die dann zu schnell nach dekorativen Gesichtspunkten entschieden werden, nämlich so, daß aus einer Podestlandschaft »Häuschen« entstehen. Hingegen ist die Führung des Treppenlaufs von beträchtlicher Bedeutung und schon jetzt zu planen; nicht wegen des Aussehens, sondern wegen der Richtung, die er zweckmäßig, auf Spiel- und Bewegungsabläufe hin orientiert und auch ästhetisch, unter Berücksichtigung seiner Diagonalwirkung im Raum, einnehmen sollte.

Farben sind abhängig vom Licht. Ihr Helligkeits- und Dunkelheitsgrad, ihre Intensität ist nur an Ort und Stelle festzulegen, wenn alle Einbauten fertig sind.

Höhlenartige Kleinräume dürfen selbstverständlich keinen hellen Anstrich erhalten; wo Fensterkreuze und Laibungen weiß sind, ist zu empfehlen, auch für anschließende Wandteile als Farbe weiß zu verwenden, damit die Fenster einbezogen wirken, zumal da, wo Fensterwände im Schatten liegen. Insgesamt gilt: die Farbgestaltung folgt der Funktion. Die Wirkung des Holztones im Raum, d.h., die Qualität, die das Holz den Raumtönen hinzufügt, ist erst meßbar, wenn die Einbauten fertig sind. Sehr wesentlich ist die Bezugnahme der Farben auf die neuen Räume – größere und kleinere – die durch Einbauten entstanden sind. Dabei ist eine Konzentration auf die Kleinräume ebenso möglich wie die Betonung von Verbindungen zwischen den unterschiedlichen neuen Bereichen. Farben können so der Differenzierung wie auch der Integration dienen. Unbefriedigend sind Lösungen, bei denen die Farbe nicht auf die neu entstandenen Einbauten reagiert. Deshalb sind Farbentscheidungen nicht am Anfang, sondern erst dann zu treffen, wenn das Projekt relativ weit fortgeschritten ist. Licht und Farbe sind wesentliche Träger der Raumstimmung.

Ist man sich in der Planungsgruppe über die Verteilung der Bereiche einig, ist das Bauen eines Modells, wie gesagt, der nächste Schritt. Die Arbeit am Modell kann von allen Beteiligten gemeinsam geleistet werden; praktikabler und effektiver ist es jedoch, wenn von je zwei Projektmitgliedern je ein Modell gebaut wird. Trotz Übereinstimmung in den Grundfragen wird man vor unterschiedlichen Lösungen stehen. Dann sollte jeweils der Weg weiterverfolgt werden, der die intensivste Nutzung wahrscheinlich macht. Nicht die Fixierung auf eine bestimmte Nutzung, nicht Ausschließlichkeit, sondern multifunktionale Verwendbarkeit ist anzustreben. Das wird sich beim Kaufladen nicht so leicht be-

Das Einpassen von Brettersprossen – eine knifflige Arbeit

werkstelligen lassen wie bei der Bauecke, sollte aber trotzdem Maxime sein.

Das Verbrettern von Wänden geht schnell und ist deshalb für jeden, der sich mit Einbauten anfänglich beschäftigt, in gewisser Weise eine Versuchung, birgt es doch die Gefahr, mehr des Leichten als des Guten zuviel zu tun. Andere Arbeiten, wie etwa das Einpassen von Brettersprossen in ausgestemmte Wangen, erfordern dagegen mehr Geduld und größere Sorgfalt.

Wir geben das wieder, weil wir daraus für uns die Lehre gezogen haben, daß an solchen kniffligen Stellen sauber gearbeitet werden muß. Das genaue, registrierende Hinsehen richtet sich nicht auf durchgehende Flächen, auf Längen, auf Stellen, an denen sich nichts verändert, sondern auf Ecken, an denen Anschlüsse beginnen. Die selektive Wahrnehmung ist nicht der Willkür anheimgegeben, sondern hängt sich an Ecken ein, weil an ihnen Distanzen ermeßbar werden. Von der richtigen Einschätzung der Distanzen hängt unsere Sicherheit ab.

AUS MEINER HANDWERKSLEHRE ALS MALER
IN MÜNCHEN IST MIR DIE MAHNUNG DES MEISTERS,
BEI DEM ICH BESCHÄFTIGT WAR, IN ERINNERUNG:
IN EINEM NEU GESTRICHENEN WOHNRAUM
SAGTE ER, SPÜRE MAN, OB „HINTER DEM OFEN
RAUSGESTRICHEN WORDEN SEI", AUCH WENN MAN,
OHNE SICH ZU VERBIEGEN, GAR NICHT DAHIN-
TER SCHAUEN KÖNNE. (W.M.)

Kleinräumigkeit und differenzierte Aufenthaltsmöglichkeiten im Spieltherapieraum einer Kindertagesstätte

Hier halten sich jeweils nur wenige Kinder auf. Die Treppe führt zum hochgesetzten Spiel- und Rückzugsbereich, der wie eine an der Decke klebende Holzkiste ausschaut und entfernt an ein Baumhaus erinnert. Die Fenster sind noch nicht ausgeschnitten. Auf die Bedeutung, die derartige »Hochsitze« gerade für emotional gestörte Kinder haben können, hat der Psychoanalytiker und Jugendpsychiater Bruno Bettelheim (1975) eindrücklich hingewiesen. In der Arbeit mit entmutigten, von starken Unterlegenheitsgefühlen bestimmten Kindern haben sie sich immer wieder als hilfreiches Ambiente bewährt. Unter der Zwischenebene, die die Treppe in zwei abgewinkelte Teile gliedert, befindet sich eine Höhle, in die man von der Nische rechts aus gelangt. Darin können sich Kinder abgeschirmt gegen die Sitzecke, die links auf dem Bild angeschnitten ist, aufhalten. Das Geländer ist schon in diesem Zustand massiv, obgleich hier noch im Bau und ohne Sprossen. Der enge Raum erfordert eine feingliedrige Wirkung. Diese Feingliedrigkeit ist gegenüber der Kompaktheit anderer Teile ein notwendiges Äquivalent. Es muß in diesem Zusammenhang kritisch angemerkt werden, daß häufig Kompaktheit allein wirksam wird, wenn von Laien Einbauten angefertigt werden. Von unserem Sicherheitsdenken her besteht allgemein die Tendenz, eher überdimensioniert als zu leicht zu bauen. Natürlich soll kein Kind durch waghalsig leichte Konstruktionen gefährdet werden, aber Gefahren sind nicht auszuschließen und die Schwelle zwischen Geschicklichkeit und Ungeschick ist bei allen Menschen verschieden hoch. Unsere Normen sind nur fiktives Mittelmaß und treffen auf niemanden genau zu. Der Umgang mit komplizierteren baulichen Gegebenheiten wird hier nicht als Training praktiziert; er ist auf wirkliche Ziele der Kinder bezogen, z.B. darauf, über eine Treppe

dorthin zu gelangen, wohin man sich ungestört zurückziehen kann oder Familie spielt. Jede Treppe, und sei sie noch so sicherheitsbedacht konstruiert, stellt ein Risiko dar. Ein Risiko freilich, das hier unter den Augen der Betreuerin auftritt, die notfalls regulierend einwirken kann. Da es sich beim Klettern und Treppensteigen um das Erreichen von Zielen handelt, die in Bewegungs- und Spielabläufe integriert sind und nicht um ihrer selbst willen stattfinden, ist die Gefahr an sich schon minimiert. In all den Jahren, in denen Treppen und Leitern in Einrichtungen in dieser Weise eingebaut wurden, ist daran jedenfalls noch niemand zu Schaden gekommen. Dies sicher nicht zuletzt auch deshalb, weil immer wieder versucht worden ist, das Risiko kalkulierbar zu halten und besondere Gefahrenquellen auszuschalten; z.B. dadurch, daß Treppen möglichst abgewinkelt – wie auf der Abbildung – oder von einem Podest aus nach oben geführt werden, sodaß die Höhenausdehnung möglichst gering ausfällt, die Stufenhöhe nicht über 17 cm geht und die Positionierung der beiden Handläufe mit den Kindern, die später die Einrichtung nutzen, gemeinsam erprobt wird. Immer haben wir uns darum bemüht, Treppen in den Raum einzufügen, in eine Podestlandschaft einzubeziehen und nicht als etwas Gesondertes erscheinen zu lassen. Komplizierte Balluster sind in diesem Sinne ungeeignet, aber auch schon Holzknöpfe, wie sie von professionellen Treppenbauern gerne an den Stellen angesetzt werden, an denen die Eisen als Abstandhalter sonst an den Wangen sichtbar bleiben. Ihre dekorative Aufwendigkeit würde in eine falsche Richtung zielen und die Treppe absondern. Für die Treppe eines Barockschlosses gelten eben durchaus andere Gestaltungskriterien als für Treppen, die unterschiedliche Funktionsebenen in pädagogisch genutzten Räumen verbinden. Ein

Kindergarteneltern während einer Projektwoche

schlichter Gedanke, der indes vielen Architekten, die sich mit dem Bau von Kindertagesstätten und Schulen befassen, gegenwärtig fremd zu sein scheint. Mag sein, daß es reizvoller ist, das eigene Planen von Balthasar Neumann herzuleiten als von dem unbekannten Erbauer einer Stiege in einem Bauernhaus.

Vor dem Umbau war das Foyer halb so groß, bot zu wenig Platz für die Garderobe der Kinder, und die Sitzbank zum Aus- und Anziehen der Schuhe war nur im Winter von relativem Belang. Die Glaswand war vor Beginn der Einbauaktion versetzt worden, auch die Verlängerung der Zwischenwände, die den neuen Betreuerraum vom Gruppenraum abgrenzt, war früher erfolgt. Arbeiten wie diese sollten grundsätzlich vor Beginn eines Projektes ausgeführt sein. In ihrer Bedeutung sind sie nicht zu unterschätzen, denn das Bauen muß wie das Planen von übergeordneten zu untergeordneten Gesichtspunkten fortschreiten. Die gröbsten Arbeiten sind immer zuerst zu erledigen. Darunter fallen auch Mauerdurchbrüche, die Verlegung von Wasserleitungen, Deckendurchbrüche für das Abwasser; auch der Abbau und das Verlegen von Elektrizitätskabeln sollten weitgehend vor Beginn der Einbautenaktion geschehen sein, zumal Kabel nicht offen bleiben dürfen.

Die Kreissäge stand im Vorraum zum allgemeinen Gebrauch. Obgleich ein Veteran unter ihresgleichen, hat sie für alle Bedürfnisse gereicht. Immerhin wurde gleichzeitig daran für die Umgestaltung von drei Räumen das Holz geschnitten, sodaß sie manchmal ununterbrochen lief. Eine Tatsache, die insbesondere dann, wenn Kinder an den Einbauten beteiligt werden sollen, nur mit Unbehagen registriert werden kann.

71

Ihre Möglichkeiten, aktiv mitzuarbeiten, sind in dem Maße eingeschränkt, in dem Maschinen zum Einsatz kommen. Auch in der laienhaften handwerklichen Betätigung herrscht gegenwärtig wie in anderen Lebensbereichen die Tendenz vor, sich weit über Bedarf maschinell auszustatten. So stehen zu Beginn einer Projektwoche oftmals nicht zu wenig, sondern zu viele Maschinen zur Verfügung, die von Laien selten angemessen gehandhabt, geschweige denn beherrscht werden. Der übermäßige Einsatz von Maschinen beeinträchtigt die Arbeitsatmosphäre entscheidend: ihre laienhafte Handhabung läßt Unruhe, Hektik, Unsicherheit aufkommen, wo Ruhe, Bedächtigkeit und der sichere Zugriff auf Werkzeuge und Materialien den Arbeitsgang bestimmen sollten.

Der Mann, der auf dem eben besprochenen Bild an der Wand des zukünftigen Kindergärtnerinnenzimmers Bretter festnagelt, ist der Leiter eines Heilpädagogischen Seminars. Dies ist nicht als Ausnahme erwähnenswert, sondern, weil es der Regel entspricht. Einbautenprojekte haben auch die Funktion, Planung und Ausführung wieder in einer Hand zu vereinigen, Theorie und Praxis zusammenzuführen, über deren Diskrepanz gerade in den Arbeitsfeldern der Sozialpädagogik unentwegt Klage geführt wird. Die Mitarbeit der Planer, auch der Architekten, die bei größeren Projekten hinzugezogen wurden, ist längst selbstverständlich geworden. Beispielgebend ist hier die Architekturwerkstatt Würzburg, die eine Reihe von Einbautenprojekten mit Eltern initiiert und durchgeführt hat. Nicht zuletzt deshalb ist es möglich, die ursprüngliche Planung während der Ausführung immer wieder zu korrigieren und zu verbessern. Für die meisten Sozialpädagogen ist es ein ungewohntes Erlebnis, sich während einer Projektwoche statt auf

Menschen auf Sachen einzurichten, und am Anfang dominieren oft Selbstzweifel und Versagensängste. Ein Projektteilnehmer beschrieb das so: »Zuerst denkt der Kopf allein, dann aber lernen die Hände gewissermaßen mitzudenken und nun staune ich, was in kurzer Zeit bei so geringen handwerklichen Voraussetzungen in Räumen, deren Außenmaße sich nicht verändern, an Empfindungs- und Erfahrungsraum hinzugewonnen werden kann.«

Zur Elternnutzwirkung, ein Bericht aus dem Kindergarten Lautertal bei Coburg:

Zweimal angebaut, innerhalb von 4 Jahren! Das hätte keiner gedacht, niemand hatte soweit vorausgesehen! 1981 hatten wir in unserem Kindergarten, der während des Dritten Reiches gebaut wurde, nicht mehr genug Platz. 1982 bekam die Gemeinde die Auflage, den Kindergarten um eine Gruppe zu erweitern. Durch Zufall sahen wir Fotos von Würzburger Kindergärten, die von Wolfgang Mahlke ausgebaut worden waren. Das wollten wir uns ansehen, und so machten wir einen Tagesausflug nach Würzburg, zusammen mit dem Pfarrer und dem Kirchenvorstand der evangelischen Gemeinde, die Träger des Kindergartens ist. Mitarbeiter der Würzburger Architekturwerkstatt führten uns herum und zum Schluß waren alle überzeugt: so etwas wollen wir in Lautertal auch machen. Ein Diavortrag und der Besuch der Architekten motivierten die Eltern. Viele wollten uns spontan helfen. Dann ging es an die Planung. Gemeinsam mit dem Personal – eine Erzieherin, eine Kinderpflegerin – wurde die Einrichtung der einzelnen Räume geplant. In der letzten Augustwoche 1982 konnte es losgehen. Der Altbau war im Umbaustadium und der Neubau noch nicht eingerichtet. Wir konnten acht Väter finden, dazu kamen noch unsere Männer und unser mittlerweile auf vier Mit-

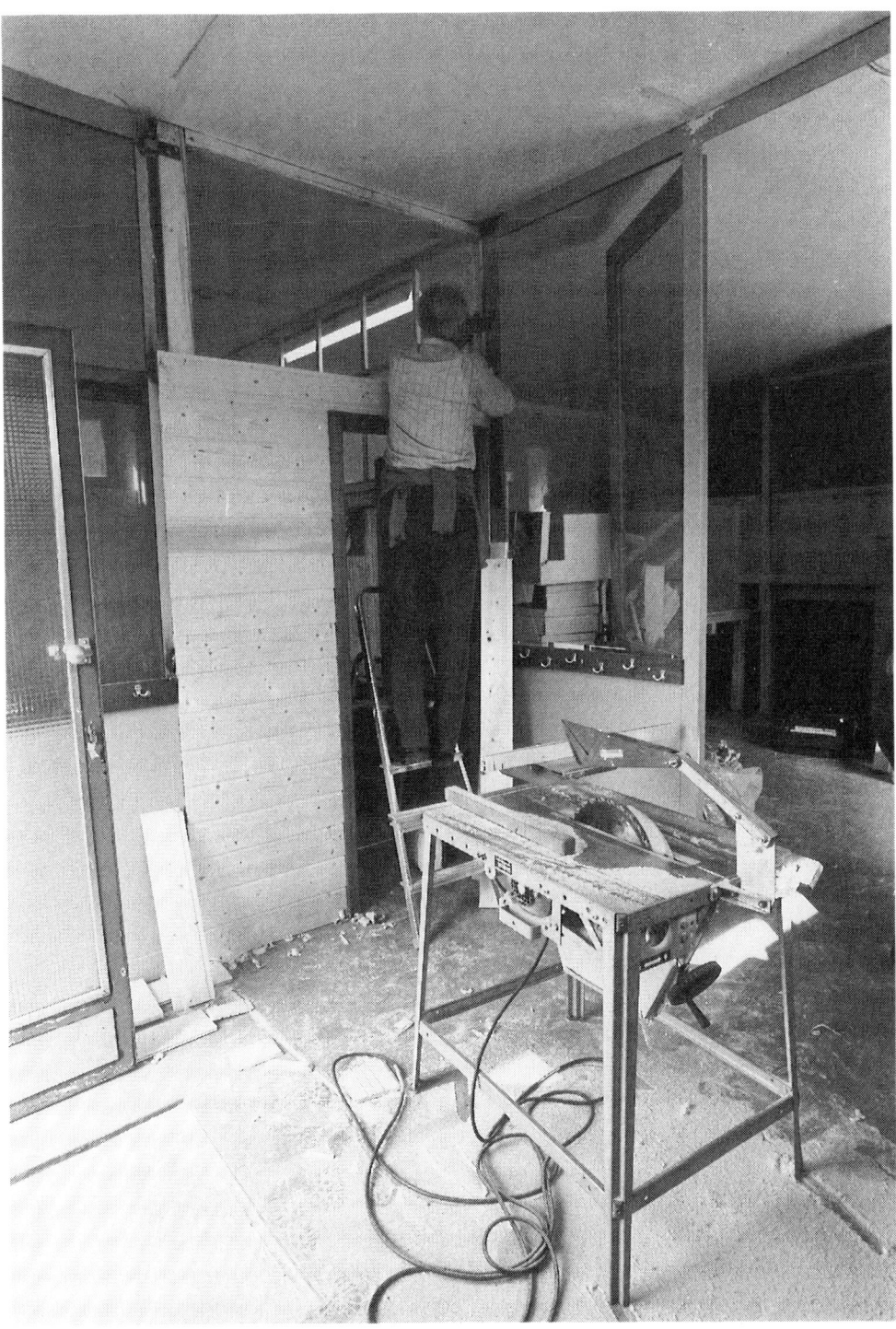

Kreissäge im Vorraum – sie sollte bei Projektwochen immer abseits vom Geschehen plaziert sein

arbeiterinnen angewachsenes Team. Alle
waren bereit, eine Woche Urlaub zu opfern,
damit am 1. September die Kinder wieder in
den neuen Kindergarten kommen konnten.
Es machte Spaß mit Holz zu arbeiten, und es
machte Spaß zu sehen, was man eigentlich
alles kann. Manche Männer konnten es nur
schwer ertragen, uns Frauen mit der Stichsä-
ge hantieren und Löcher bohren zu sehen.
Aber sie gewöhnten sich daran. Unsere Arbeitsgruppe harmonierte, während der Arbeit
wurde viel gelacht; ich sehe immer noch den
Peter, unseren gewichten Elternbeiratsvor-
sitzenden im kleinen Kaufladen stehen und
hämmern. Zum Schluß kam er aus dem un-
freiwilligen Gefängnis, das er sich da liebevoll
zurechtgezimmert hatte, kaum noch heraus.
Von den Eltern kamen während des Ausbaus
recht gute Ideen, einige Mütter nähten die
Stoffrollos für die Fenster, der Teppichboden
wurde gemeinsam ausgesucht, sie fanden in
unserer Garage alte Spielzeugschränke aus
Holz mit drei Farbschichten. Beim Ablaugen
kamen wunderschöne Schränke unter den
drei Anstrichen hervor und natürlich
wurden sie in die Gruppenräume eingebaut.

Am 1. Dezember 1982 war alles fertig und
der Kindergarten wurde eingeweiht. Die
Helfer richteten ein kaltes Buffet für 400 Personen – und das im Kindergarten! Eine
Woche lang hatten wir jeden Tag miteinander gebaut, und dann noch an ca. 10 Wochenenden. Wir sind in unseren Kindergarten
hineingewachsen, wir kennen jedes Stück
Holz. Unsere ganze Liebe zum Beruf haben
wir mit hineingesteckt, und auch die Väter
der Kinder, mit denen man sonst kaum
Kontakt hat, haben wir besser kennengelernt.
Im Herbst 1983 machten wir uns wieder an
die Arbeit, eine Pergola im Außenbereich
wurde gebaut, dazu Sandkästen und eine
Kompostanlage für den Garten. Auch jetzt
war die Zusammenarbeit wieder prima, wir
hatten ein Spielhaus und ein Haus mit
Rutsche für den Garten geplant.
Januar 1985: Der Kindergarten steht nun
zweieinhalb Jahre im neuen Gewand. Er ist
uns ans Herz gewachsen und wir haben vor,
im Frühjahr einen Gartenteich anzulegen.
Erzieher und Eltern aus anderen Kindergärten kommen oft zu Besuch, schauen sich bei
uns um und ziehen nach mit der Gestaltung
ihrer Räume.
Wir haben sehr viel mehr Anmeldungen
für die nächsten Jahre, als wir berücksichtigen können. Gemeinderat und Bezirksregie-
rung werden eingeschaltet. Sie beschließen,
daß noch einmal angebaut werden soll, um
den Kindergarten ab 1985 in drei Gruppen
weiterzuführen. Also noch alles einmal von
vorn?, wird das klappen?, ob der alte
Schwung noch da ist? Es ging sogar sehr gut!
In der letzten Augustwoche begannen
wir. Helfer gab es genug; diesmal halfen regelmäßig alle Mütter mit. Als der neue Gruppenraum fertig war, ging es an unser 'höch-
stes' Projekt: eine Vogelvolière, 6 Meter hoch,
für das Treppenhaus. Pfosten und Draht
wurden bestellt, im Treppenhaus wurde ein
provisorisches Gerüst gebaut, die Pfosten
wurden gestellt und der Draht von oben her
angebracht. Da fiel uns ein, daß die Vögel ja
auch etwas zum Sitzen brauchen. Beim
Förster holten wir uns die Erlaubnis, eine

Birke zu fällen. Als die Volière fertig war, wollten wir für die Kinder noch Fische. Ein Aquarium wurde gekauft und ebenfalls eingebaut. Im Treppenhaus steht nun die Vogelvolière. Das Gezwitscher, der Gesang der vielen einheimischen Vögel, einiger chinesischer Nachtigallen und Kanaries empfängt die Kinder immer, wenn sie ihre Gruppenräume verlassen oder morgens kommen.

Sie erleben, wie die Vögel baden, wie sie sich gern beschäftigen an frischen Zweigen, Knospen, an Fruchtständen, Disteln im Spätsommer, wie sie die Rinde nach Larven und kleinen Insekten absuchen, wie sie an Apfelscheiben, Pfirsischstücken picken, sich grünen Salat oder Vogelmiere holen.

Und die Kinder selbst können etwas für ihre kleinen Tiere tun: Moos und frische Zweige oder Sand, Mulchmaterial, Torfmull abwechselnd zum Einstreuen holen.Immer wieder neu kann der Garten im Vogelhaus eingerichtet sein. Wir hörten neulich, daß Sergej Obraszow im Foyer seines Moskauer Zentralen Puppentheaters einen Baum mit ausladenden Zweigen aufgestellt hat, in dem viele Vogelkäfige mit Kanarienhähnchen hängen. Eine äußerst liebenswerte Geste der Einladung der Kinder. Ganz deutlich werden sie begrüßt und nehmen wahr, daß s i e hier gemeint sind.

Die Angst, daß unsere Eltern ausbaumüde würden, war unbegründet. An manchen Samstagen wollten die Väter gar nicht nach Hause, da konnte es schon einmal 22 Uhr werden. So manches Eck im alten Kindergarten wurde noch verbessert oder ergänzt. Sieben Wochenenden brauchten wir beim letzten Umbau, bis wir am 27. Oktober 1985 den neuen Anbau einweihen konnten. Danach war es richtig ungewohnt, am Wochenende nicht mehr im Kindergarten zu arbeiten. Keiner hätte gedacht, daß wir nochmal so viel Spaß dabei haben würden. Wir können jedem raten: Fangt an, es lohnt sich!

Renate und Karin

PS: Übrigens, der Kindergarten ist schon wieder zu klein!

Raumnutzung als Fortsetzung der Gestaltung

Um den Übergang vom Bauen zur Nutzung der Räume fließender zu gestalten, der aktiven Aneignung eine ebenso aktive Nutzung folgen zu lassen, wurden vielfach in angemessenem zeitlichen Abstand zu Einbauten-Projektwochen für die Teilnehmer am Projekt Wochenseminare gehalten, die sich auf gestalterische Aufgaben bezogen.

In Ergänzung zur großräumigen Arbeit im Rahmen von Einbauten können verschiedene gestalterische Ansätze der Verdichtung dienen. Mit Holzarbeiten läßt sich vorzüglich anschließen, kleinfigurig ist gemessen an der Länge von Brettern oder Balken, die zuvor im Mittelpunkt der Projektarbeit standen, fast alles: vom Handschmeichler über Spielzeug bis hin zu Kleinplastiken. Textile Arbeiten können, wenn sie auf den Raum bezogen sind, dazu beitragen, die Raumstimmung positiv zu beeinflussen. Übergänge werden solchermaßen fließender, was gelegentlich hart oder starr anmutet, kann durch textile Raumgestaltung »aufgeweicht« werden. Hier bieten sich Textilapplikationen und Textilplastiken an, Arbeiten, bei denen es auf die Textur und Farbe ankommt, nicht aber auf die Lösung handarbeitsmäßiger Fleißaufgaben. Arbeiten mit Ton können, in einer solchen Projektwoche begonnen, vielfältige Anregungen dazu geben, diesem Werkstoff in pädagogischen Einrichtungen einen angemesseneren Stellenwert zu verschaffen. Er aktiviert selbst Menschen von schwacher Konstitution und geringem Gestaltungsvermö-gen. Ton verlangt, weil er so unbegrenzt anpassungsfähig ist, nach Klärung, nach Profil im Sinne der Form. Sand, Schnee und Ton sind die elementarsten Stoffe, die die Natur Kindern zur Gestaltung liefert. Zu ihrer Veränderung braucht man nur die Hände. Kein anderer Werkstoff kommt der Variationsbreite des Tons auch nur annähernd gleich. Sie reicht vom trockenen Tonmehl, in das man auf der Tischplatte wie in Staub Spuren zeichnen kann über puddingarti-

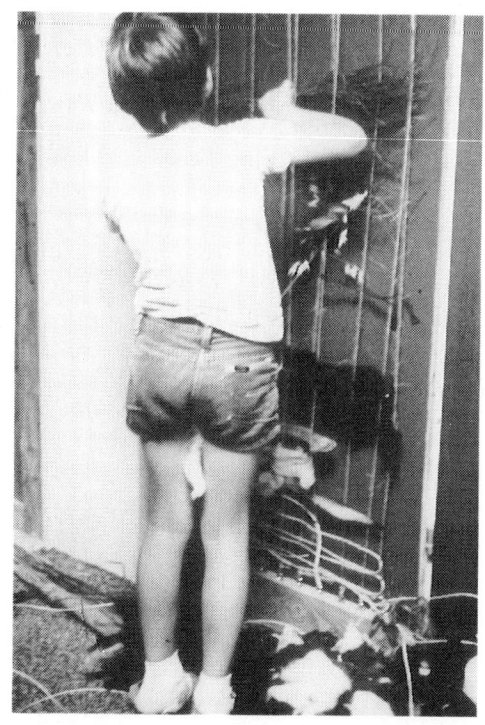

... an einem improvisierten Webrahmen

gen Schlicker, der sich zum Matschen eignet, und die geschmeidig geformte Masse, das getrocknete und dadurch heller gewordene Werkstück, den härter gewordenen und farblich veränderten Gegenstand nach dem ersten Brand bis hin zum glatten Gegenstand nach dem Glasurbrand. In Seminaren, die sich mit Ton befaßten, wurden auch immer wieder aus Lehm Brennöfen gebaut, um die selbst hergestellten Dinge darin zu brennen (Mahlke, 1981, 1982).

Auch das Zeichnen ist eine Tätigkeit, die nahezu in Vergessenheit zu geraten scheint. Das Knipsen, nicht das Fotografieren, hat sie verdrängt. Für die meisten Menschen führt der Weg zur Farbe über die Form. Die gestalterische Beschäftigung mit der Fläche, dem Gegenstand, dem Körper und Raum, auch der Perspektive, sind Mittel, den bildhaften Ausdrucksmöglichkeiten von Kindern

näher zu kommen. So ist die Kinderzeichnung selbst, ebenso wie die Bedingungen ihrer Entstehung, auch Gegenstand des Gesprächs, und alles, was für das Zeichnen der Kinder förderlich ist, Überlegungen zur Wahl des Standortes, an dem es im Kindergarten stattfindet, zum Papierformat und zu den Gestaltungsmitteln, können dazu beitragen, Sensibilität zu wecken und der Vernachlässigung dieses Bereichs kindlicher Kreativität entgegenzuwirken, die sich im achtlosen Gebrauch von Computerdruckpapier und Filzstiften als nahezu ausschließlichen Gestaltungsmitteln niederschlägt.

Hintergrund dieser Anschlußseminare an Projektwochen sind immer die gegliederten Räume. Nicht nur in ihnen, sondern *mit* ihnen vollzieht sich die Arbeit in der Reflexion der Raumwirkung. Die handwerkliche Arbeit gibt

Wenn Erzieher das Gestalten mit Material und Farben lieben, wirkt sich ihr Beispiel auf die Betätigung der Kinder aus

Im Anschluß an eine Einbautenwoche wird mit Masken und Figuren in einem Raumteiler, der in ein Regal und eine Werkplatte übergeht, gespielt

immer wieder Anlaß, Raum und Raumdetails neu zu erleben und sich für den Gebrauch interessante Möglichkeiten vorzustellen.

Das effektivste Mittel zur Überleitung auf die Nutzung der Räume besteht sicher darin, sich im Rahmen eines solchen Seminars mit den verschiedenen Möglichkeiten des Figurentheaters in den entstandenen kleinräumigen Situationen zu befassen. Ecken, Nischen, bühnenartige Aussparungen in Wänden, aber auch Fensteröffnungen zwischen Raumdetails begünstigen das Spiel mit Figuren. Das Verhältnis einer Spielgruppe zum Bühnenausschnitt, einer Schattenfigur zu ihrem Aktionsfeld ist kein anderes als das des Kindes, überhaupt des Menschen zum Raum. Deshalb ist die Beschäftigung mit dem Figurentheater eine ideale Vorbereitung darauf, Bewußtsein für die Abhängigkeit des Raumes vom Menschen wie des Menschen vom Raum zu erlangen. Wenn das darstellende Spiel im Kindergarten eine angemessene Förderung erfahren soll, braucht es geeignete Räume (Mahlke 1977, 1984).

Anregungen für die Gestaltung von Kindergärten können auch Werkstätten geben oder aber das Puppentheater, wenn es »offen« angelegt ist, nicht nur Produktpräsentation bietet, sondern Kinder in den Prozeß der Herstellung von Puppen und die Erarbeitung von Spielsituationen einbezieht. Hier einige Einblicke in das von Norbert Böll geleitete »Mobile Theater Spielberg« in Würzburg, ein Puppentheater, das in seiner Differenziertheit Erwachsene wie Kinder fasziniert.

Das Mobile Theater Spielberg in Würzburg. Der Zuschauerraum; hinter den Fenstern oben befindet sich ein Kindercafé

Das Kindercafé im Puppentheater

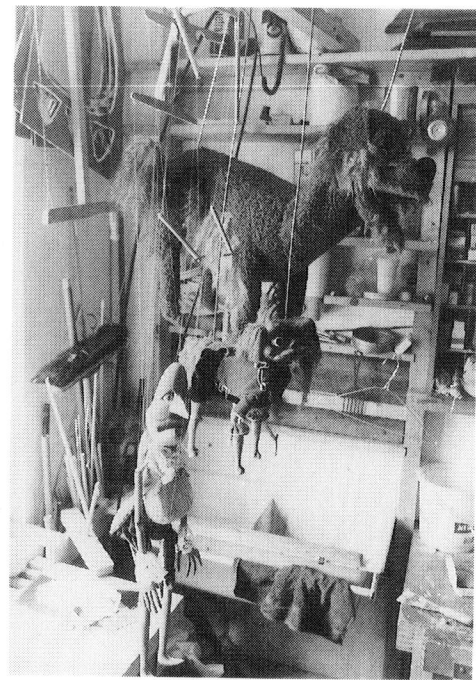

Ausschnitte aus dem Wohnraum des Puppenspielers und der Werkstatt

Bauklötze – Bauwerke

Spiel und Betätigung sind an sich nicht Gegenstand dieses Buches, wenngleich Einbauten dem kindlichen Spiel Parzellen schaffen wollen, in denen es wie jede Betätigung mit Lust aber auch in Stille und mit Konzentration stattfinden kann. Eine besondere Affinität zu den Einbauten weist das Bauspiel auf. Es kann intensiviert werden durch die Einstellung des Raumes auf bauende Kinder und ihre Bauten. Wie Bänke dem Sitzen oder Liegen, sollen Podeste und Stufen vor allem auch dem Bauspiel dienen und zu vielseitigerem und differenzierterem Gebrauch einladen als der ebene Fußboden. Unterschiedlich große und verschieden begrenzte Bauplätze – nicht nur einer, sondern mehrere – sollten über den Gruppenraum verteilt sein. Nur so besteht die Chance, daß das, was die Kinder bauen, auch ohne den Hinweis »Bitte nicht wegräumen« über Tage hin stehenbleiben kann.

Der Raum für die Arbeit mit Ton und auch der Raum, in dem Hobelbänke und Schraubstöcke zu weiterem Bauen im Sinne handwerklichen Gestaltens einladen, sollten nicht weit entfernt sein und, wenn möglich, nicht im Untergeschoß liegen. Der Verweis in den Keller wertet die Arbeit, wie auch das handwerkliche Spiel deutlich ab.

Bauen ist von der Betätigung und Gestaltung aus gesehen Kennenlernen, eigenes Herstellen und Verändern von Elementen in statischen Verhältnissen. In der Kinderkrippe führt der Weg vom Greifen zum Bauen mit einfachen Holzklötzen, Aststücken, Rinde und anderen Materialien, die die Natur bietet. Solches Fassen und Loslassen, Stellen und Legen, An-sich-Drücken und Liebkosen, Tasten und Fühlen von Material schließt die Sensibilisierung der Wahrnehmung ein. Was an den Händen als weich, abgerundet empfunden wird, trifft weich auf, gleichviel ob am Kopf oder an den Füßen: übertragbare Erfahrungen. Für diese Altersstufe sind Plastikwürfel und Bauklötze aus Holz beliebt, letztere vermutlich deshalb, weil sie, mit dem Nahmen Fröbel verbunden, über Generationen tradiert worden sind. Astab-

Baupodest – in der Mitte eines Kindergartengruppenraumes, einbezogen in eine Stufenlandschaft und durch sie geschützt.

Spielhöhle in einer Kinderkrippe

Das Bauen der Kinder schließt sich an die Einbauten an

schnitte und -scheiben sind dagegen seltener zu finden, vermutlich, weil sie sich der Vermarktung entziehen. Podeste in Sitzhöhe (35–40 cm hoch) haben sich in Kinderkrippen besonders bewährt, weil die Kindergärtnerin hier auf gleicher Höhe mit den Kindern spielen und bauen kann. Podeste als begehbare Emporen sind für Kinder im Krippenalter nicht angezeigt, sie können dagegen als Stauräume für Spielzeug und Materialien gute Dienste leisten. Kunststoffelemente sind haptisch betrachtet das bei weitem langweiligste Material. Meist werden sie gewählt, weil sie am wenigsten Lärm erzeugen und vom Handel besonders bunt angeboten werden, worin man allenthalben einen besonderen Vorzug sehen zu können glaubt.

Im Hort wird sich das Bauen auf das Zusammenzimmern von Hütten draußen oder nur in besonderen Fällen im Raum als Hochsitz in Erweiterung einbezogener Emporen abspielen, sonst vor allem im handwerklichen Herstellen von Häusern, Schiffen, Flugzeugen bis hin zur modellhaften Ausführung. Nur in seltenen Fällen, wenn es darum geht, Versäumtes in der Entwicklung nachzuholen, wird es sich bei Hortkindern um Bauspiele handeln, die sich auf das Zusammensetzen von Holzelementen beschränken. Höhlen sind hier aus Ausgangsbasis dienlich, die das Spielen in offener werdenden Kleinräumen ermöglichen und auch dem Wunsch, selbst Räume zu bauen, Rechnung tragen. Destruktive Spiele sind unerläßlich, es ist die Aufgabe des Erziehers, sie ins Konstruktive umwandeln zu helfen, das Demontieren zum Zwecke des Montierens

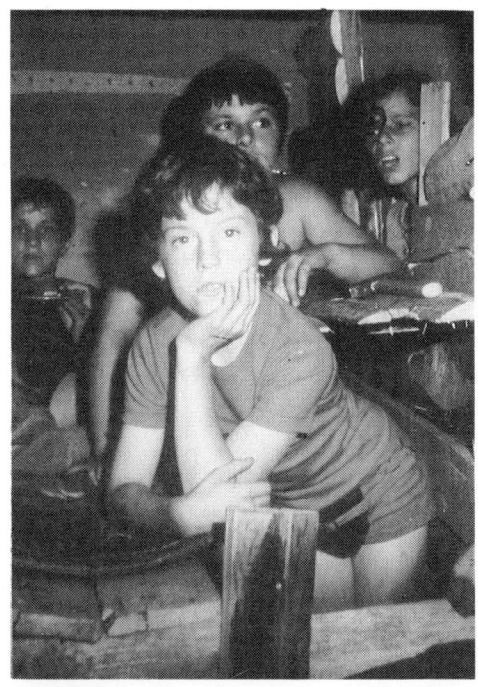

Von Hortkindern gebaute Hütten

mit neuen Intentionen zu ermöglichen. Der Hort bedarf eines integrierten Werkraums mit einem umfangreichen Angebot an Werkzeugen und Materialien sowie verschiedenen Plätzen, an denen begonnene Arbeiten liegen bleiben und Sachen, die den Kindern wesentlich, die für die Bewältigung ihrer Vorstellungen und zur Realisierung ihrer Träume hilfreich sind, aufgehoben werden können. Das Lächeln von Erwachsenen über den Kram, mit dem sich Kinder ihre Welt aufbauen, ist unangebracht. Sie besitzen in diesem Alter nicht den Überblick, den wir haben oder vortäuschen. Ein Innenraum, in dem selbstverständlich solcherlei Bauecken integriert sind, bestätigt am besten, daß wir das kindli-

83

che Aufbauen einer eigenen Welt ernst nehmen.

Die auf Friedrich Fröbel zurückgehenden Holzbauklötze, die heute im Handel sind, imitieren Steine. »Materialechtheit«, eine im Handwerk und in der Werkpädagogik weithin akzeptierte Forderung, war 1840, als die Fröbelschen Baukästen in Auftrag gegeben wurden, noch nicht gefragt. Eingeräumt in die Kästen sind die Bauklötze am vollkommensten, weshalb in der Fröbel-Tradition großer Wert auf das genaue, ordentliche Einräumen gelegt wurde. Das kindliche Bauen ist demgegenüber ein In-Unordnung-Bringen des Systems. Auch im Alltag des Kindergartens wird das Bauen vom Aufräumen und Einräumen in Kästen und Bauwagen überschattet; eine Prozedur, die wie ein Ritus tagtäglich abläuft und Ende der Freispielzeit, die im Einzelfall in Versunkenheit erlebt wird, oft schmerzlich erfahren wird

Zum Bauen gehören nicht nur Klötze. Baumabschnitte, Aststücke, Bretter, verschieden breit, lang und stark, als Naturholz mit Rinde, oder abgelängt und gesäubert in bearbeitetem Zustand, unterschiedliche Holzarten, Eiche, Buche, Kiefer, Fichte, Lärche, Kirsche, Nuß-

baum, gehören dazu, beleben das Spiel. Hölzer duften, solange sie im Naturzustand belassen werden, unterschiedlich: Eiche riecht nach Essig, Buche ebenfalls, Kiefer dagegen nach Harz und echtem Terpentinöl. Auch haben die verschiedenen Holzarten unterschiedliche Oberflächen und fassen sich verschieden an, solange sie nicht der Sauberkeit halber bis zur haptischen Unkenntlichkeit behandelt sind. Sie sind auch farblich verschieden: Kirsche ist rot, Birke und

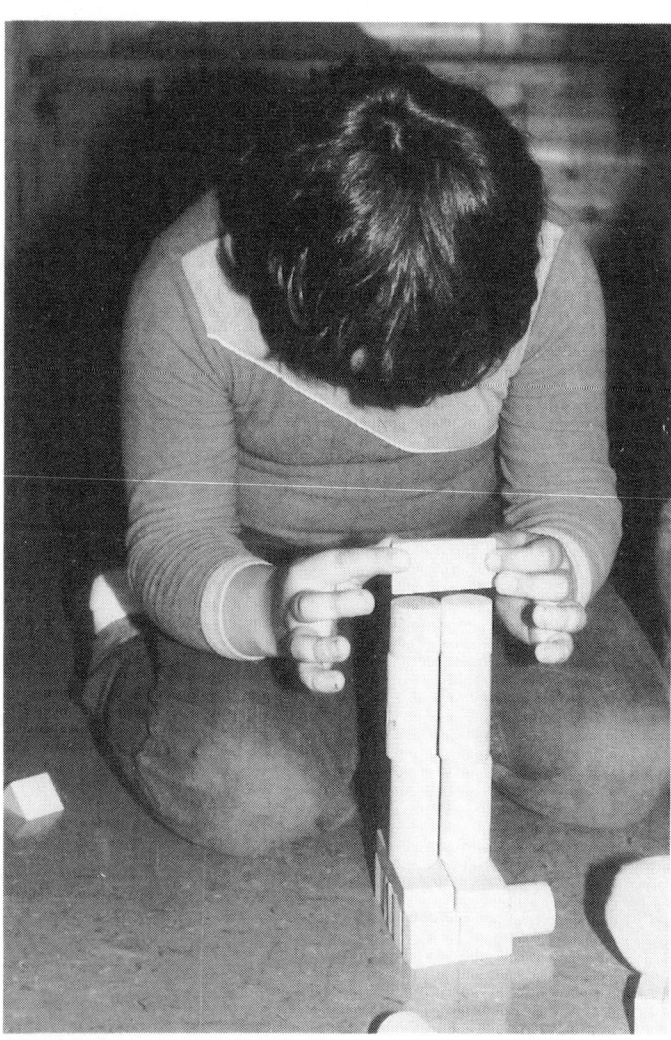

Hier werden konstruktive Zusammenhänge begriffen, die später auch verstanden werden

Ahorn sind verschieden weiß, Nußbaum variiert zwischen weiß und braunviolett. Das sind freilich feine Unterschiede, auf die man Kinder in der rechten Weise hinweisen muß, während handelsüblich bunte Plastik- oder lackierte Holzwürfel – für den Erzieher allemal bequemer – ins Auge springen. Schließlich klingen Hölzer auch unterschiedlich; exotisches Hartholz, wie zum Beispiel Palisander,

Statische Verhältnisse sind so nicht zu erfahren.
Bei Bausteinen mit Steckverbindung ist der optische Eindruck
entscheidend, nicht die Konstruktionsarbeit

wird zum Xylophonbau verwendet, es eignen sich dazu aber auch einheimische Harthölzer.

Bausteine aus Plastikmaterial mit Steckverbindungen fehlen heutzutage in nahezu keinem Kinderzimmer und auch in Kindergärten werden sie in verschiedenen Varianten angeboten. Man wird sie von dort kaum noch wegkriegen, wohl aber zu bedenken geben dürfen, daß sie wesentliche Erfahrungsmomente aus dem Bauspiel herausgenommen haben: die unendlich vielfältigen Erfindungen für den Zusammenhalt einzelner Elemente, die schrittweise Erfahrung grundlegender statischer Gesetzmäßigkeiten, die Lust an konstruktiver Grenzgängerei mit der atemberaubenden Spannung: »Hält das noch?« – nichts mehr davon! Um die Möglichkeit, die statischen Verhältnisse selbst zu bestimmen, werden die Kinder gebracht. Das Entscheidende ist schon vorgedacht, bevor sie mit dem Spiel beginnen, aber – keine Frage – es geht schneller mit den Systemsteinen, und perfekter scheint es auch. Ein Druck genügt, und schon haften Steine in beliebiger Weise zusammen: maximale Wirkung bei minimalem Einsatz, ein durchaus zeitgemäßer Gedanke.

Wenn Kinder sich auf Vorgaben – das Baumaterial und die Baulandschaft – einzustellen vermögen, kann das zur Integration ihrer Spiele und der entstehenden Gebilde in die Raumgestalt beitragen. Bauspielpodeste und mehr oder weniger offene Bauspielräume ermöglichen das Stehenbleiben von Gebilden, die im Bau sind, mit denen die Kinder weiterspielen wollen, und die Bauten können so zum variablen Bestand des Raumes werden. Das gelingt mit den im Handel befindlichen Systembausteinen aus Kunststoff nicht. Ihnen gemäß ist die Verdichtung im isoliert gegenständlichen Sinne, sie fördern die Tendenz zum Erwerb von immer mehr Elementen zu immer großartigerer Ausstattung – und dabei wachsender Isolation im Raum. Zweifellos haben sie auch Vorteile: Bauelemente aus Kunststoff wirken beim Spiel akustisch gedämpft, machen im Gegensatz zu Ton, mit dem man auch vorzüglich bauen kann, keinen Schmutz, sind gut zu reinigen und bequem hand-

Bruchsteinmauer, die im Außenbereich eines Kindergartens oder Horts zum Weiterbauen einlädt

habbar. Aber es bleibt bedauerlich, wenn Bauspiele auf das Zusammensetzen oder Zusammenstecken von Elementen reduziert werden. Die Mannigfaltigkeit des Bauens und der Baustoffe gelangt so nicht in den Blick und der mechanische Vollzug der konstruktiven Tätigkeit fördert logisches Denken, anders als es die Herstellerprospekte glauben machen wollen, ebenso wenig wie Handgeschicklichkeit und Kreativität.

Entschieden anspruchsvoller sind dagegen Bausteine, wie sie als Kalk- oder Sandsteine oder Schieferplatten hierzulande vorkommen. Sie sollten im Außengelände keiner Kindertagesstätte fehlen.

Insgesamt aber scheint uns, daß das Spiel mit Bausteinen in Kindergärten allzu selbstverständlich tradiert wird

und aus Bequemlichkeit lange über die Zeit hinaus angeboten wird, in der es einen sinnvollen Ort hat. Die Überdehnung der Bauspielzeit liegt nicht zuletzt am Mangel solider kindgerecht-handwerklicher Aufgaben. Man treibt Bauspiele so lange, wie man das Zusammenfügen durch Binden, Nageln, Dübeln, Kleben noch nicht erfahren hat. Es geht wie mit den Fingerfarben, die nur solange interessant sind, wie das Malen mit Pinseln noch nicht entdeckt ist. Natürlich bleibt davon unberührt, daß wir genauso wie für das Spielen im Sand und das Matschen mit Lehm auch für Bauspiele die Bedeutung des Nachholens im heilpädagogischen Sinne nicht verkennen. Aber wenn Kinder differenzierter mit handwerklichen Mitteln bauen

könnten und nur aus Bequemlichkeit an Bauspielen festgehalten werden, bezeichnen wir das als pädagogisch sanktionierte Entwicklungshemmung.

Schließlich gilt, daß handwerkliche Projekte im Grundschulalter und darüber hinaus aus der Sache heraus erfordern, was eine verquere Didaktik unter dem Stichwort »Soziales Lernen« in künstlichen Arrangements zu leisten unternimmt: wo zwei Hände, so wie hier, nicht reichen, muß eine dritte her.

Was aus der Kooperation der Kinder entstehen kann, sollte nicht nur Ausstellungsvitrinen in Schuleingangshallen zieren, sondern auch Schulhöfe.

Grammatik der Raumgestaltung

Fläche und Raum

Kinder, darauf haben wir eingangs hingewiesen, geben ihre Vorstellung von Räumen zuerst flächig wieder, sie zeichnen im Sinne größtmöglicher Richtungsunterschiedenheit Raumdetails rechtwinklig zueinander. Erst allmählich wird aus dem Nebeneinander ein Hintereinander, wird Räumlichkeit geschildert.

Auch in pädagogisch genutzten Räumen werden oftmals Flächen betont, wo räumliche Strukturen gemeint sind. So werden zum Beispiel Flächen durch verschiedene Farben addiert, eine Wand beige, die andere orange. Grenzen werden durch markante Fußbodenleisten hervorgehoben oder aber auch durch unterschiedliche Oberflächenstrukturen verschiedener Wände. So entstehen Raumwirkungen, die Zusammengehöriges trennen. In den meisten Räumen wird die Grundfläche betont, oberhalb der Tischfläche wird die Gestalt des Raumens zumeist dürftig. Räume aber sollten sich nach oben verdichten. Ihre optische Mitte liegt ebenso wie bei Bildern nicht in der mit dem Maßstab zu bestimmenden geometrischen Mitte, sondern darüber. Diesem Erfordernis kann auch durch zweidimensionale Gestaltungsmittel entsprochen werden. Eindeutiger jedoch sind innenarchitektonische Mittel. Die gestalterische Beschäftigung mit der Raumhöhe führt zur Differenzierung in der Form von Podesten oder abgehängten Decken. In besonders hohen Räumen kann die Differenzierung durch Zwischenetagen erfolgen. Podesteinbauten gliedern Räume, aneinandergefügte Podeste verschiedener Höhe ergeben Spiel- und Betätigungslandschaften. Leitern, Treppen, Strickleitern, Taue können die verschiedenen Ebenen miteinander verbinden. Textile Gewebe, gespannte Netze und Schnüre, die sich an die Holzkonstruktionen anschließen, bereichern den Raum, betonen und verdichten Strukturerfahrungen. Nicht nur da, wo zu wenig Platz für Kinder ist, sondern allgemein, kann durch das Einbauen von Podesten in unterschiedlichen Höhen, die gleichzeitig Nischen und Mulden einschließen, die Qualität der Bewegungs-, Spiel- und Betätigungsbereiche verbessert werden. Verkehrszonen um Eingangs- und Balkontüren lassen sich überbauen und erhalten dadurch im oberen Raumbereich Wohn- oder Gebrauchswert, den sie wegen des Öffnens der Türen im unteren nicht haben können.

Podeste sind vertikale Raumteiler, nicht Versatzstücke der Flächengliederung, wie in den herkömmlichen Verfahren. Mit ihnen kann auf kindliche Proportionen besonders eingegangen werden.

In der durch Podeste und Nischen erzielten Kleinräumigkeit ist das Greifen der Wände und der Decke und damit auch die Begreifbarkeit der nächstliegenden Umwelt selbstverständlich. Die durch Holz gedämpfte Akustik und differenzierte Lichtverhältnisse verstärken das Gefühl der Geborgenheit, die das Spielen erst zu sensibilisierendem Erleben macht und Kreativität anbahnt. Ein Podest von 30 cm Höhe an der Wand oder in einer Zimmerecke gewährt einem kleinen Kind bereits einen beträchtlich veränderten Eindruck des Raumes, in dem es sich aufhält.

Licht und Farbe

Licht und Lichtführung sind zur Wahrnehmung des Raumes und der Dinge im Raum von entscheidender Bedeutung. Die Dinge erscheinen unterschiedlich, je nachdem, ob es Tag oder Nacht ist, ob das Licht an einem Sonnen- oder Regentag wahrgenommen wird, ob sie von einer Leuchtstoffröhre, einer Glühbirne oder einer Kerze angestrahlt werden. Fensterlose, reizarme Räume mit uniformen Kunstlichtverhältnissen sind schlechthin unmenschlich. Das Licht der Leuchtstoffröhre entkleidet die Gegenstände ihrer Schatten. Auch Menschen werden in diesem Licht schattenlos, sie werden ausgeleuchtet, worin angeblich der besondere Vorzug dieses Lichtes liegt, und büßen dabei ihre Plastizität und die Schönheit, die im Körperhaften liegt, ein.

Für die Position und die Qualität der Beleuchtungskörper sind die verschiedenen Funktionsbereiche bestimmend, denn eine allgemeine Deckenbeleuchtung, die gleichmäßig undifferenziertes Licht verteilt, ist in keinem Falle ausreichend. Beleuchtungskörper sollten möglichst flexibel und unterschiedlich sein: über einer Sitzgruppe eine Pendelleuchte mit verstellbarem Schirm, am Arbeitstisch, der sich vor dem Fenster befindet, eine schwenkbare Lampe und in den übrigen Bereichen, je nach Bedarf, zusätzliche punktuelle Lichtquellen.

Die Natur bietet eine Lichtvarianz, die vom gleißenden Licht in der Mittagsglut über den Lichtschein des offenen Feuers und der Kerzen bis hin zur Dunkelheit in vielen Abstufungen reicht. Je mehr dem Raum natürliche Lichteinflüsse und -varianzen fehlen, desto mehr muß auf die Differenzierung der Lichtverhältnisse, d.h. auf Größe und Gliederung der Fenster eingegangen werden. Sprossenfenster haben für Kinder den Vorteil, daß sie das, was draußen zu sehen ist, »addiert« sehen und es sich zusamensetzen, gestalterisch zurechtrücken können. Ungegliederte Fensterwände, die zuviel Licht einlassen, sollten, wo es notwendig ist, rigoros verkleinert und unterteilt werden. Moderne Gebäude weisen heute in aller Regel zuviel Licht und künstliche Helligkeit auf. Die Erfindung der künstlichen Helligkeit und ihre Durchsetzung im 19. Jahrhundert gehört zu den interessantesten Aspekten der Kulturgeschichte überhaupt (Schievelbusch, 1986). Künstliche Beleuchtung erfordert unterschiedliche Lichtquellen, warme Lichtfarbe und eine Lichtstärke, in der sich Schatten bilden können, die die Räumlichkeit und Körperhaftigkeit der Gegenstände plastisch wahrnehmbar machen. Beleuchtungskörper an hohen Zimmerdecken betonen die Raumhöhe und lassen Kindern Räume ungemütlich erscheinen. Besser sind Pendelleuchten mit langem Kabel oder schwenkbare Wand- oder »Schaufensterleuchten« mit tiefem Tubus, die so niedrig plaziert werden sollten, daß am Spiel- oder Betätigungsort Helligkeit und dabei auch Blendfreiheit gewährleistet ist. Wenn der Konzentration auf Spiel- oder Erzählinhalte große, ungegliederte Fensterflächen hinderlich waren, sind sie schon mehrmals im Zuge von Einbautenaktionen zugebrettert worden. Mit gleicher Entschlossenheit wären auch Wände zu öffnen, wenn zu wenig Licht in den Raum gelangen würde, dazu aber war bisher noch nie Anlaß.

DAS FENSTER IRGENDWO,
GANZ DA OBEN
WIE IM GEFÄNGNIS ...

J. KORCZAK

Fenster verbinden mit dem, was man
durch sie hindurch sieht. Sie erweitern
Räume optisch, und der Rahmen, in dem
das geschieht, erlangt Bedeutung. Ist das
Fenster hoch oben und derjenige, der
hindurchschauen möchte, klein, entsteht
ein Mißverhältnis. Die Kinder sehen
meist nichts als den Himmel oder die
letzten Hochhausgeschosse der Umgebung.

Die Beleuchtung des Raumes sollte die
Farbwirkung betonen, die von einzelnen

Gegenständen und verschieden struktu-
rierten Materialien ausgeht, keinesfalls
aber abschwächen. Farbe und Licht sind
ein Thema, der Zusammenhang wird nirgends deutlicher als bei farbigen Gläsern,
wie sie der Kunstglaser verwendet, oder
aber aus Glashütten, wo oftmals mehrere
tausend verschiedene Schattierungen
vorrätig sind, beschaffen kann. Farbige
Glasfenster, die Farben und Licht in
ihrem Zusammenspiel zur Geltung
bringen, finden wir in pädagogischen
Einrichtungen nur selten, bislang sind sie
Kirchen, Schlössern und Rathäusern vorbehalten. Dabei sollten sie gerade auch
für Kindergärten, wenn es im Raum zu
hell ist, selbstverständlich werden, nicht
zuletzt wegen der Farbspiele, die am
Boden oder an den Wänden
entstehen und die besonders
erwünscht sind, wenn Räu-
me uninteressant wirken.
Sehr oft kommt der Eindruck
von Langeweile im Visuellen
durch uniforme Fensterflächen zustande. Aber auch
Glasabschnitte, Teile, die ins
Fenster gestellt oder auch
gehängt werden, sind denkbar. Wenn sie sich überlap-
pen, erleben Kinder, daß aus
gelb und blau grün wird, aus
rot und blau violett, und wie
sich die Welt draußen, durch
rot oder grün betrachtet, unterschiedlich präsentiert.

Über Farben ist viel nach-
gedacht und geschrieben
worden. Wie es eine Form-
lehre gibt, so existieren auch
Farblehren. Die meisten sind
auf die Kunst hin konzipiert
(Albers, Itten). Goethes Farbenlehre greift weit darüber
hinaus. Für unseren Zusa-
menhang bedeutsam ist
deren letzter Abschnitt, der
über die »sinnlich-sittliche

Fenster im Wohn- und Betätigungsbereich eines Kinder-
heimes, in eine Holzwand eingefügt. Es ermöglicht den
Durchblick in den Teil des Raumes, in dem gegessen wird

91

Wirkung der Farbe« handelt (Goethe, 1980, I, 275ff). Goethes Farbenlehre ist zumindest in diesem Punkt der durchschnittlichen zeitgenössischen Ratgeberliteratur für Eltern und Erzieher an Differenziertheit der Beobachtung und Ausführung überlegen. Sätze wie der folgende, in dem Sein und Sollen unbedacht durcheinander purzeln, wenngleich für die meisten Leser sicherlich unbemerkt, kommen in Goethes Farbenlehre nicht vor: »Während Erwachsene eher die sanften Farben bevorzugen, sind für kleine Kinder grelle Farben gut.« (Schöner Wohnen, 1983, H.4, 66) Natürlich ist es zutreffend, daß kleine Kinder zumeist grelle Farben bevorzugen, aber ob dies deshalb auch für sie gut ist, steht dahin. Schließlich bevorzugen sie auch Zuckerstangen, wenn sie zwischen diesen und Mohrrüben wählen können, nur haben unseres Wissens bisher nicht einmal Vertreter der Zuckerindustrie daraus gefolgert, Zuckerstangen seien deshalb auch für Kinder gesünder als Mohrrüben.

Farbe ist keine Geschmackssache. Sie bezieht sich auf das Empfinden jedes einzelnen und das ist formbar, treffender: »färbbar«. Aber bei 25 Kindern ist nicht das Empfinden jedes einzelnen abzufragen, da ist die Farbe Teil der Architektur und auf sie zu beziehen. Am und im Kindergartenbau hat sie einladend und nicht abweisend zu sein, Sicherheit und Geborgenheit zu betonen und nicht das Gegenteil. Von daher scheiden grelle, blendende Farben aus. Weiß z.B. negiert das Bedürfnis nach Wärme und Geborgenheit – in unseren Vorstellungen verknüpft es sich mit Eis, Schnee, Sauberkeit, Krankenhaus. Weiße Farbe weitet einen Raum, einen engen Gang, und ist dort gelegentlich angezeigt, hebt aber andererseits die Decke, läßt wenig Raumgefühl aufkommen und läßt die Wände ungreifbar erscheinen. Volltonfarben, die nur mit weiß gemischt werden, wirken kalkig-süß. Um sie aufzuwerten, sollte von der Gegenfarbe in geringer Menge zugegeben werden, z.B. bei rot grün oder umgekehrt. Der Wandanstrich, der auch in Kindergärten am häufigsten zu finden ist, ist beige. Es ist zwar verständlich, aber nicht sympathisch, daß sich dieser Ton einer solchen Beliebtheit und Verbreitung erfreut. Beige bedeutet nur einen geringen Schritt vom Weiß zur Farbe, Farbigkeit wird aber damit noch nicht erreicht. Beige ist ein Farbton, der zurückhält, was er geben sollte, für den man sich zu entscheiden vorgibt, obwohl damit eigentlich keine Entscheidung fällt. Beige ist eine Nuance von gelb oder ocker, dem Gelb aber ist als Komplementärkontrastfarbe das Violett gegenübergestellt. Eine Farbe, die eher angestrengte Erhabenheit zum Ausdruck bringt als Heiterkeit und Optimismus. Meist meint man mit Beige nichts falsch machen zu können. Aber man macht alles falsch, wenn mit beige ein Ton gewählt wird, der die geeignetsten ausschließt, nämlich ein warmes rot, braun oder auch grün. Beige gibt, wenn es mit diesen Farben kombiniert wird, einen müden, nicht unbedingt stimmigen Farbklang und nimmt dem Farbton von Kiefern- oder Fichtenholz die Prägnanz, die ihm neben rot, braun und grün am ehesten weiß gewähren würde. Auch andere Pastelltöne, wie rosa, hellblau, hellgrün, machen eine differenzierte und stimmige Farbwahl schwierig. Man glaubt, mit Pastelltönen freier weiterentscheiden zu können, in der Tat aber legt man sich damit fest.

Wir haben stets versucht, in Kindergartenräumen durch Differenzierung eine Atmosphäre herzustellen, die derjenigen im Wald nahekommt, mit lichten und dunkleren Stellen. Dabei wurden reizstarke und reizärmere Situationen geschaffen. In einem der ersten Kindergärten, die wir mit Einbauten ausgestattet haben, ist eine Wand in warmem Oliv gestrichen worden, und die Kinder achten seither sorgfältig darauf, daß nichts mit dieser Wand geschieht, nichts davor gestellt oder angehängt wird, weil sie dieses Grün lieben. Es schafft zusammen mit dem differenzierten Farbton der in Kiefer gehaltenen Einbauten eine geborgene Stimmung. Dies herzustellen ist oft nicht leicht: in 78 von 146 Kindergärten, die wir in einer Diözese daraufhin untersucht haben, weisen die Gruppenräume an zwei gegenüberliegenden Seiten Fensterreihen auf. Geborgenheit läßt sich in solchermaßen lichtdurchfluteten Räumen schwerlich herstellen. Wenn dazu dann an Wänden und Decken Farben kommen, die keinen Zusammenhang ergeben und auf steingrauem PVC-Bodenbelag wahllos buntes Mobiliar steht, sind die räumlichen Voraussetzungen für erzieherische Arbeit denkbar ungünstig.

Rezepte gibt es für die Farbwahl und die Handhabung des Lichtes nicht. Sensibilität für Farben und Licht entsteht am ehesten durch die Beschäftigung damit beim Malen, beim Textilgestalten, im Puppenspiel, beim bewußten Wahrnehmen von Eindrücken in der Natur, also im Beobachten von Farben nebeneinander, ohne perspektivische oder gar atmosphärische Attitüde. Die Orientierung an der Werbung macht in der Regel farbunempfindlich, veranlagt zu unreflektierter, modisch gestimmter Farbwahl. Die gegenwärtig in Design und Mode trendbestimmenden Farbkombinationen geben für Kindergärten keine zureichende Orientierung. Helle Farben vertragen sich im allgemeinen schlechter als dunkle, Helligkeit ist im Farbkonsens schwieriger herzustellen als Dunkelheit. Reines Weiß blendet. Es empfiehlt sich, dem Weiß durch die unauffällige Abtönung mit Umbra die Schärfe zu nehmen. Wenn die Abtönung mit Ocker erfolgt, ergibt sich beige, ein süßer, cremeartiger Ton, auf dem, wie schon vorher gesagt, keine geeignete Farbskala aufgebaut werden kann. Gegenstände, auch Menschen werden durch dunklere Farbtöne besser integriert als durch helle. Alten Gebäuden sollten vergraute Farben gewährt werden. Was alt geworden ist, sollte nicht geschminkt werden, sondern zu seinem Alter stehen. Hohe Räume wirken durch dunkle Farben niedriger, enge durch helle Farben weiter. Wenn lange Gänge an den Stirnseiten warme, dunkle Anstriche erhalten, erscheinen sie kürzer. Farbproben an der Wand in Licht- *und* Schattenpartien sind vor dem endgültigen Anstrich empfehlenswert. Je Farbton sollten drei Proben in Varianten und in unterschiedlichen Helligkeitsgraden vorgenommen werden. Sie sind bei unterschiedlichen Licht- und Wetterverhältnissen zu begutachten. Sich auf Farbmuster aus Katalogen zu verlassen, ist dilettantisch. Ein lasierender Farbauftrag, wie wir ihn vor allem in Waldorfkindergärten finden, erzeugt den Eindruck von Transparenz. Durch Farbe und Licht kann man die Einheit eines Raumkomplexes betonen, aber auch umgekehrt einzelne Parzellen, die sich durch Einbauten ergeben, hervorheben. Zu differenzierender Farbwahrnehmung und Farbwahl ist Schulung notwendig. Je intensiver der visuelle Sinn gebildet wird, umso größer ist der Genuß und auch das Bedürfnis nach farblich harmonischer Umgebung. Insgesamt gilt, daß wir es heute, trotz aller farbtheoretischen Bemühungen und farbpsychologischen Untersuchungen mit der Wirklichkeit der Farbe im Raum schwerer haben als unsere Vorfahren, die Erdfarben zur Verfügung hatten, welche sich leichter miteinander in Harmonie bringen ließen, und die für ihre Textilien Pflanzen zum Färben verwendeten, die ebenfalls milder und deshalb leichter integrierbar waren. Mineral- und Pflanzenfarben sind im Zuge bauökologischer Bemühungen jetzt wieder gefragt. Es lohnt sich, damit Erfahrungen zu sammeln, auch wenn ihre Verwendung im Innenausbau höhere Ansprüche stellt als der Anstrich mit Dispersionsfarben. Das Lasieren ist der Malerei verwandter als der Anstreicherei.

Sind Möbel oder Einbauten in Kiefer oder Lärche ausgeführt, empfiehlt es sich, mit grün anzuschließen. Nicht zu empfehlen ist dann, den Wandanstrich gelb oder violett zu halten, ihm weder im Sinne des Komplementärkontrastes noch Ton in Ton Anknüpfungsgelegenheiten zu geben. Kiefern- und Lärchenholz gewinnen allmählich eine schöne, zum Rotbraun hin tendierende Färbung, zu dem ein warmes, zum Oliv hin gehendes Grün am besten paßt. Als einzeln stehende Farben haben Braun und warmes Grün besonders beruhigende Wirkung. Je stärker, leuchtender die Farbintensität, umso mehr zieht die Farbe die Aufmerksamkeit auf sich und beunruhigt. Eine mögliche Farbkombination, vom Komplementärkontrast her abgeleitet, ist der Rot-Grün Klang. Hier erweisen sich ein Englischrot (Ziegelrot) und ein dunkleres, zum Oliv tendierendes Grün (Böhmische grüne Erde, Umbra) als besonders stimmig. Ocker-Blau ist eine Farbkombination, die viele Maler in ihren Bildern verwendet haben – z.B. Vermeer van Delft –, die aber auch gut im Raum anzuwenden ist. Ocker ist eine warme, erdige Farbe, die nicht mit Orange zu verwechseln ist.

Mehrere Farben können bei einem Grauanteil miteinander verbunden werden. Man sollte sich nicht scheuen, einer Farbe anstelle von Grau lediglich Schwarz beizugeben, um sie stumpfer, älter, gewissermaßen »vergilbter« zu machen. Solche Farben sind vielfach vertrauenerweckender als neu und strahlend aussehende; die Gewöhnung fällt leichter, weil sich solche Farben einzufügen imstande sind (Frieling, 1961; Itten, 1961; Kükelhaus, 1979).

Akustik

Der Akustik scheint in der Kindergartenarchitektur insgesamt nicht genügend Aufmerksamkeit gewidmet zu werden, sonst würde nicht immer wieder wegen der Schalldurchlässigkeit von Gängen zu Gruppenräumen hin und zwischen den Räumen, besonders dann, wenn Falt- und Schiebewände vorhanden sind, Klage geführt. Wie oft muß denn wirklich zu Festen aus zwei Räumen einer gemacht werden? Sommer- und Fastnachtsfest allein rechtfertigen die Probleme mit der Akustik während der übrigen Jahreszeit nicht. Falt- und Schiebewände bieten taktil nicht die Sicherheit einer festgefügten Wand. Die angrenzenden Gruppen stören sich gegenseitig, weil die akustische Durchlässigkeit in aller Regel größer ist, als in den Prospekten zugesichert. Allgemein werden für Kindergartenbauten harte Baustoffe wie Beton, glattgestrichener Verputz, Kunststein, Fliesen und große Fensterglaselemente oder Glasbausteine verwendet. Unter dem Gesichtspunkt der Akustik sind sie problematisch. Gegen Lärm kann man sich am schwersten schützen. Mit ihm umgehen zu müssen, macht zwangsweise überreizt und unsensibel, läßt auch die menschliche Stimme in Wort und Tonfall zum schrillen Geräusch hin entarten, und die Sinntiefe, die Worte haben können und allein vom Klang her schon auszustrahlen vermögen, kann nicht aufkommen. Unter dem Gesichtspunkt der Akustik wäre es sinnvoll, die Zwischenwände so intensiv zu isolieren wie irgend möglich. Podestgebilde aus Holz brechen den Schall im Raum und verringern die Lautstärke. Auch der Teppichbelag, den wir für ruhige Spiel- und Rückzugsbereiche im Raum unten wie auf Emporenböden für angebracht halten, verringert die Lautstärke. Schallisolierend wirkt er, wenn er an Wandteilen hochgezogen wird. Daß es in einer Höhle leise ist, macht sie zu etwas Besonderem. Der Raum nimmt dann die Laute auf, gibt sie aber nicht verstärkt zurück. Naturlaute, die ja zumeist nicht beängstigend plötzlich auftreten, Wind, Vogelstimmen und Regen wirken in aller Regel beruhigend. Nur ist inmitten der Städte wenig Natürliches zu hören. Deshalb verliert die Natur für die Entwicklung des Hörens wie für die anderen Sinne auch als Maßstab immer mehr an Gewicht.

Tagebucheintrag: 7.1.1984
Auf der Baustelle des Kindergartens B, die schon über den Rohbau hinaus ist, haben Fliesenleger einen Kassettenrecorder aufgestellt, der nicht nur über das Haus, sondern auch über die Umgebung laut und wie selbstverständlich Musik verbreitet. Das Programm läuft durch, ganz gleich, was kommt: Nachrichten, Musik, Werbung. Ich versuche mich trotzdem auf die Planung der Einbauten zu konzentrieren und Möglichkeiten zur Einbeziehung von Podesten für eine zweite Ebene zu überlegen, denn obschon neu und den Landesvorschriften entsprechend, sind die Räume für die zu erwartende Gruppenstärke der Kindergartenkinder zu klein. Der in letzter Zeit häufiger beklagte »sanfte Terror« der musikalischen Dauerberieselung ist hier nicht sanft: in die Gespräche gerät zunehmend ein aggressiver Unterton, der von der Sache her nicht berechtigt ist, sondern von der Störquelle Kassettenrecorder kommt. Ich hadere mit mir und meiner Aversion, möchte aber dem Fliesenleger die Freude nicht nehmen, die ihm die Musik offenkundig bereitet. Im Kindergartenbetrieb freilich ist mir diese Musik gottlob bisher so wenig begegnet wie das Fernsehen. Aber, wie lange noch? Was würden die Erzieherinnen hören, wenn sie es könnten? Oder gefällt ihnen selbst nicht, was gegenwärtig hauptsächlich über die Radiosender geht? Ein Bericht von einer Musikpädagogentagung in Hamburg-Steilshoop kommt mir in Erinnerung: »Wer heute noch mit einem Kontrastprogramm kommt und die Jugend gleich zu Höherem erlösen will, hat sein Scheitern selbst eingeplant«. (Die Zeit, 48,1976) Es liest sich als geringfügiger Unterschied: »In Steilshoop ist es so« und »so ist es«. Und wenn man nur noch liest »So ist es«, werden überall Verhältnisse provoziert wie in Steilshoop. Jeder Raum, besonders der Gruppenraum im Kindergarten, ist ein akustisches Phänomen, das alle Aufmerksamkeit verdient. Wer den Raum erlebt, nimmt ihn auch über das Gehör wahr. Die Akustik in den Räumen, die Einbauten erhalten, wird gedämpft. Das ist Absicht und, wie wir hoffen, für Kinder und Erzieherinnen eine erleichternde Voraussetzung für Spiel und Betätigung, Gespräche und selbsterzeugte Musik.

Materialien

Synthetische Stoffe bestimmen heute weitgehend den Baumarkt. Nachdem die ersten Kindergärten geschlossen werden mußten, weil die dort verwendeten Baustoffe gesundheitsgefährdend waren, ist die Sensibilität gegenüber synthetischen Baumaterialien insgesamt erfreulicherweise gewachsen. Bei Einbauten verwenden wir Holz, in der Regel Kiefer, Fichte oder Lärche. Weichhölzer haben viele Vorteile gegenüber Hart- oder Kunsthölzern. Sie lassen sich leichter bearbeiten, haben eine ausgeprägte Maserung und eine intensivere Farbe. Weil sie weich sind, kann man an ihnen Bilder befestigen oder für plastische Gegenstände Auflager schaffen in Gestalt von Regalen, Raumteilern oder Konsolbrettern.

Massivholz hat gegenüber Spanplatten und Furnieren oder PVC-Umleimern den Vorteil, daß es leichter zu handhaben ist. Leimbinder lassen erwarten, daß das Holz nicht reißt, sondern »stehenbleibt«, sich also auch nicht verwindet; trotzdem sollte ihre Verwendung auf das Unumgängliche beschränkt werden. Kunsthölzer und vor allem Furnierhölzer schalten die materiale Logik aus, sie täuschen etwas vor, sind Schminke, aufgetragen auf undurchschaubarem Grundstoff. Das Prinzip der maximalen Natürlichkeit schließt die Skizzenhaftigkeit ein. Unterschiedlich starke Querschnitte sind zu empfehlen. Die Stärke der Hölzer richtet sich primär nach dem, was sie leisten sollen in ihrer Stützfunktion oder Belastbarkeit. Wenn Pfosten gleicher Stärke und im gleichen Abstand aufgestellt das Bild eines Raumes prägen, wird damit schematischer Wirkung Vorschub geleistet. Die Vorgabe für das Leben im Raum ist dann langweilig, genauso uninteressant wie das Weiß an den Wänden oder an der Decke und das Orange an allen Türen, die ornamentale Anbringung von Leuchtröhren, der PVC-Boden in konventionellen Kindergartenräumen. Die Skizzenhaftigkeit als gestalterisches Prinzip schließt textile Materialien – Fußboden, Vorhänge, Kissen, Netze oder Stricke zur Sicherung der Treppen – ein. Holz ist, wenn es natürlich belassen wird, haptisch interessant. Es fühlt sich warm an, nimmt Feuchtigkeit auf, wie es sie auch abgibt, es riecht angenehm und absorbiert gleichzeitig Fremdgerüche. Die Holzstruktur sollte nicht durch deckende Farben überstrichen werden, mit Lasuren können dagegen die tragenden Teile aus Fichtenholz durch olivstichiges Grün gegen englischrote Kiefernholzflächen abgehoben werden. Holz hört man. Noch lange nach der Verarbeitung knacken die Balken, es knarrt, wenn man darauf geht, es klingt. Ein Raum aus Holz tönt und ist nicht stumm wie Asphalt oder Beton. Holz ist von einem zum anderen Stück unterschiedlich. Empfindsames Eingehen auf seine Art fällt leicht. Seine Struktur verträgt sich gut mit textilen Geweben. Sie sind in Korrespondenz mit natürlichen Baustoffen

eine willkommene Ergänzung. Wolle, Leinen, Rupfen, Baumwollgewebe, Schnüre und Seile lösen starre Strukturen auf. Als Oberflächenschutz kommen für Holz weder Lacke noch giftige Holzschutzmittel in Frage. Öl und Hartwachs sind als Oberflächenschutz hinreichend. Schmutz läßt sich am einfachsten mit Wasser und Seife beseitigen. Wenn es der Brandschutz verlangt, müssen Teile des Holzes mit feuerhemmenden Mitteln gestrichen werden. Als Baumaterial für Einbauten kommen in Betracht: Balken im Format 8 x 8 cm, 8 x 10 cm oder 8 x 12 cm für Stützen und Lagerhölzer; Balken im Format 6 x 4 cm zum Überbrücken und als Auflager für kleine Objekte; Dielen, 2,5 bis 4 cm stark, 20, 24 und 26 cm breit, für Sitzflächen, Tische, Stützen, Arbeitsplatten; Bretter mit Nut und Feder ohne Fasen und Profil, 1,9 bis 2,2 cm stark, meist 12 bis 14 cm breit, für freistehende Wände, als Podestbelag, für Regale; und Dachlatten als Auflager oder für Deckenleisten, unter Umständen auf die Hälfte gespalten. Als Lager für die Wandverbretterung dienen ebenfalls Dachlatten. Konstruktionen aus Holz sollten in der Erfüllung ihrer Funktion deutlich zu erkennen sein. Balken werden nicht eingebaut, sondern bleiben in ihrer plastischen Form erkennbar. Jedes Kind sollte ohne Schwierigkeiten erkennen können, wie ein Balken den anderen hält, worauf und wie Podeste oder Regalbretter aufliegen. Konstruktionen sollten so fest und sicher als es nur geht, hergestellt werden, um Verläßlichkeit auszudrücken. Dies geschieht, indem Podeste, die vom Boden bis zur Decke reichen oder von Wand zu Wand angebracht werden, zwischen den Raumgrenzen verankert werden. Wenn ein horizontaler Tragbalken für eine erhöhte Ebene auf Pfosten aufliegt, wird dem Bedürfnis nach Durchschaubarkeit Rechnung getragen. Diagonale Richtungen in Raumkompositionen aufzuneh-

Klar erkennbar das System von Stützen und Last

men, ist oft hinsichtlich des Raumgefühls mit einem Verlust an Ausgewogenheit verbunden. An Treppenwangen und Handläufen sind sie nicht zu vermeiden. Sie fallen auf und lenken den Blick auf sich, denn die Diagonale ist eine verhältnismäßig selten vorkommende Form. Das Ungewöhnliche ist immer besonders attraktiv, im Raum ist es die Schräge. Aus diesem Grunde sollten Treppenläufe kurz sein, lieber durch Zwischenpodest und Abwinkelung unterbrochen, als in einer Richtung durchgehend. Dasselbe gilt auch für Eckverbindungen. Es ist besser, Hölzer »stumpf stoßend« im rechten Winkel aneinanderzusetzen, als sie »auf Gehrung« zusammenzufügen. Die Gehrung verstößt gegen das Prinzip der Einfachheit. Sie ist nur akzeptabel, wenn sie sehr sauber gearbeitet wird, und dies ist dem Laien in der Regel mangels entsprechender maschineller Ausstattung und Handfertigkeit kaum möglich.

Die unterschiedliche Wirkung von Materialien geht aus den nachfolgenden Bildern hervor. Das erste Bild zeigt Niederdruck-Leuchtstoffröhren, die in einem weißen Kunststoffgehäuse untergebracht sind. Das zweite Bild zeigt dieselben Röhren, in einer Holzlattendecke angebracht. Sie sind mit Holz verkleidet,

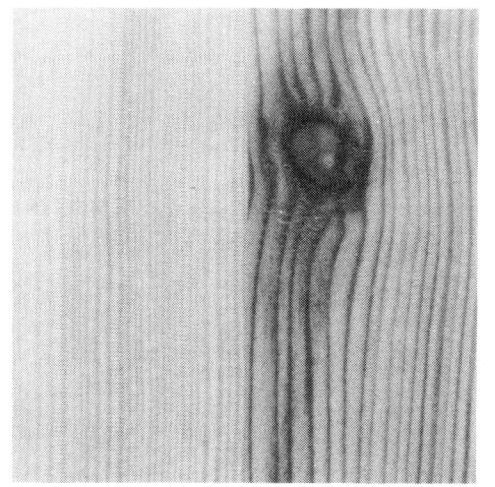

Unterschiedliche Texturen: Holzwand und Vinyltapete

Unterschiedliche Texturen an Körben:
Flechtwerk und Kunststoff

dadurch entsteht ein gelbliches, relativ
warmes Licht. Außerdem treten die
wenig attraktiven Lampen durch die
Holzverkleidung etwas in den Hintergrund, und die Deckenstruktur, die auch
nach Einbau veränderbar bleibt, wirkt
interessanter und ist vielfältig nutzbar.

Mit unterschiedlichen Materialien gelangt man, wie die Beispiele verschiedener Höhlen zeigen, zu durchaus unterschiedlichen Ergebnissen und Wirkungen. Bild 1 zeigt eine Baumhöhle, Bild 2 zeigt eine muldenartige Vertiefung im Stockholmer Kinderzentrum, das dritte Bild stammt aus der Neugeborenen-Station einer großen Klinik und zeigt das Gegenteil von Höhle, das vierte Bild zeigt eine Höhle, die aus vorgefertigten Kunststoffteilen zusammengefügt ist, während das fünfte Bild Höhlen zeigt, die bei Einbauten in einem Kindergarten entstanden sind. Das sechste Beispiel stammt aus der Wikingerzeit (Archäologisches Museum in Lejre/DK) und das siebte Bild zeigt schließlich eine Höhle, die von Kindern im Freispiel gebaut wurde.

Nisthöhle in einem Baum

Sitzmulden im Kinderzentrum des Stockholmer Kulturhauses

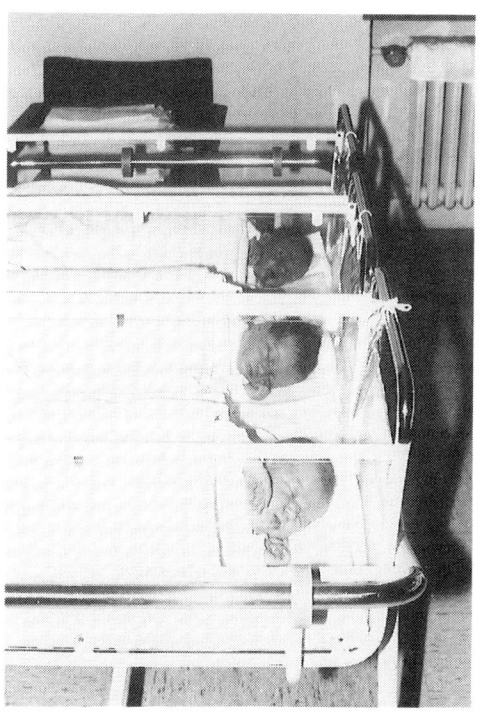

Neugeborenenstation

Höhle aus Kunststoffteilen

Höhlen in Einbauten

Hausbau in der Wikingerzeit (Archäologisches Museum Lejre/DK)

... ICH PFLÜCKE EIN NEST
AUS EFEUSKELETT
EIN WEICHES NEST AUS
FELDSCHAUM
UND TRAUMKRAUT...

IWAN GOLL

Von Kindern gebaute Höhle

102

Besondere gestalterische Probleme

Nicht jeder Raum, der die vorgeschriebene Höhe und Ausdehnung hat, eignet sich deshalb als Gruppenraum für Kindergarten, Heim und Hort. Quadrat- und Kubimeterzahl geben Minimalforderungen an, weitergehende qualitative Ansprüche sind in Baurichtlinien in aller Regel nicht enthalten. Vor allem fehlen vielfach Umsetzungshinweise zum Konkreten. Das kann gut sein, weil es nicht festlegt, sondern Freiheit läßt, aber auch schlecht, denn mit dem Verschweigen qualitativer Momente geraten auch die pädagogischen Forderungen, die sich an sie knüpfen könnten, aus dem Blick. Oft es es der Raum, der die Schwierigkeiten bereitet, die die Kindergärtnerinnen bei den Kindern, Eltern oder auch sich selber suchen. Sie sind am Abend, nach einem Arbeitstag ohne besondere Vorkommnisse, wie ausgelaugt, weil der Betrieb entweder ins Chaotische entglitt oder weil es ohne dirigistische, repressive Interventionen nicht möglich war, den Kindern, den schwächeren wie den stärkeren, den wachen, wie den langsamen oder verträumten, den ruhebedürftigen wie auch denen, die Bewegung brauchen, denen die am liebsten nichts tun und denen, die ständig in Aktion sind, gerecht zu werden. In einer Dokumentation über »Heimerziehung – Heimplanung« (1974), die aus Anlaß einer Ausstellung zur Gestaltung von Kinderheimen zusammengestellt wurde, haben sich die Autoren Gedanken über die Aus-

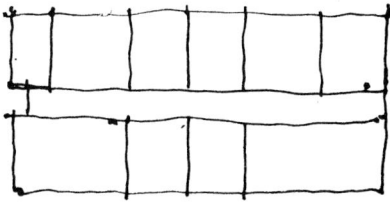

Dem starren, autoritären Raumsystem entspricht ein autoritärer Erziehungsstil. Der Gang als Achse von außen nach innen geplant

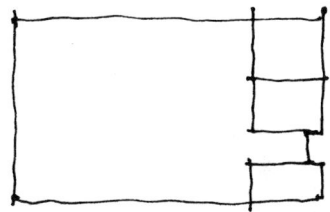

Dem undifferenzierten Raumsystem entspricht der Laissez-faire-Stil. Ungestalteter Großraum, Aufenthalt verwirrend, von außen nach innen geplant

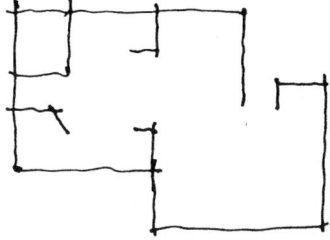

Gegliederten Erfahrungsräumen entspricht der sozial-integrative Erziehungsstil. Orientierung wird ermöglicht. Klein- und Großräumigkeit. Von innen nach außen geplant

wirkung von Grundrißfiguren auf das Verhalten von Kindern gemacht. Zutreffend gehen sie davon aus, daß Räume Handlungsabläufe strukturieren. Räume können Verhalten, bestimmte Tätigkeiten und Kommunikationsformen ermöglichen oder auch ausgrenzen, anregen oder auch behindern. Sie haben typisierte Handlungsabläufe mit bestimmten Raumtypen in Zusammenhang gebracht und den Erziehungsstil, der durch sie begünstigt wird, hervorgehoben. Dies ist sicher ein vereinfachender Ansatz, der viele ebenfalls gewichtige Variablen des Erzieherverhaltens außer Betracht läßt, gleichwohl lohnt es sich, diesen Ansatz weiter zu verfolgen und zu differenzieren.

Kreisförmige Räume eignen sich im Kindergartenbereich als Rhythmik-, Gymnastik- oder auch Turnräume. Kreisförmige Räume, wie auch andere Zentralbauten, zum Beispiel fünf-, sechs- oder achteckige, schließen sich nach außen ab. Zum Schutz gegen Feinde wurden runde Türme gebaut. Das Verweilen darin wird zum In-sich-gekehrt-Sein. Drinnen und draußen, »wir und die anderen« werden als Gegensätze betont. Es fragt sich, ob diese Stein gewordene Metaphorik für den modernen Kindergarten wünschenswert ist. Ungegliedert sind Zentralräume für Kindergartengruppen mit 25 Kindern in aller Regel nicht brauchbar. Ein Raum mit etwa 50 qm hat einen Durchmesser von ca. 8 m. Der Eindruck von Zirkus oder Arena ist besonders dann gegeben, wenn die Zentralität durch ein zur Mitte hin ansteigendes Dach noch betont wird. Dann will immer etwas oder jemand in die Mitte gerückt sein. Lichtquellen sind von der Mitte oder von der Peripherie ausgehend vorstellbar. In der Praxis betonen sie gewöhnlich beides. Zentralraum ist am glaubhaftesten mit einer Säule, Figur oder einem Altar in der Mitte, oder aber

leer. Leer, um ihn zur Bewegung zu nutzen. In einem runden Raum, klagen die Kindergärtnerinnen, seien Kinder häufig umtriebiger als in anderen Räumen, und sie könnten keine Möbel auf den Raum bezogen stellen. Möglichkeiten der Gliederung, wenn auch nur durch Raumteiler, gibt es nahezu nicht. Die Skizzen auf Seite 105 sollen das deutlich machen.

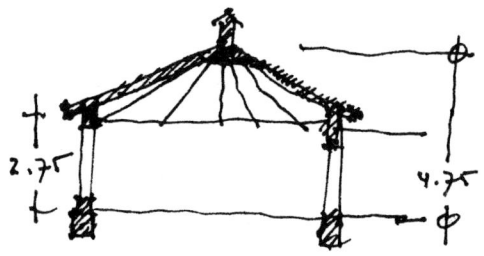

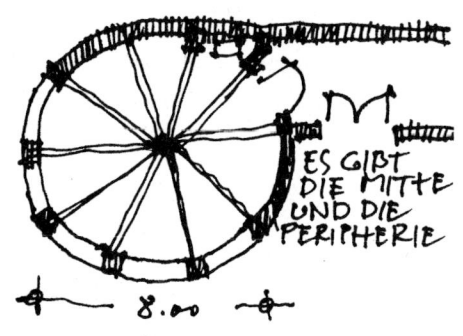

Ein weiteres kommt hinzu: mit der Aufstellung gängiger Tischformate – quadratisch oder rechteckig – kommt man bei vielwinkligen wie bei runden Grundrissen immer in Schwierigkeiten. Es bleibt da nur die runde Tischplatte. Die wiederum ist ungünstig, wenn nur ein Kind oder auch zwei an einem Tisch sitzen sollen. Mit ihrer starken Krümmung ist sie dann abweisend. Große

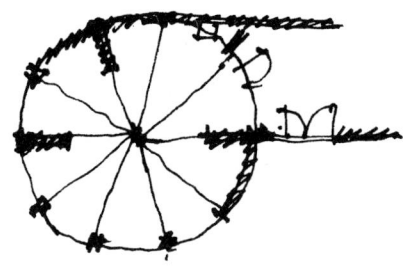

1. Gliederung auf die Mitte zu im Torten-scheibensystem: betont Zentralität und damit zentrierend-autoritäre Strukturen

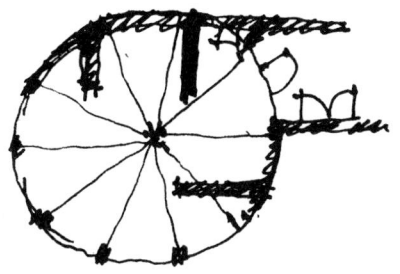

2. Gliederung erfolgt im Sinne einer recht-winkligen Grundstruktur. Es bleiben dabei unbrauchbare spitzwinklige Restformen

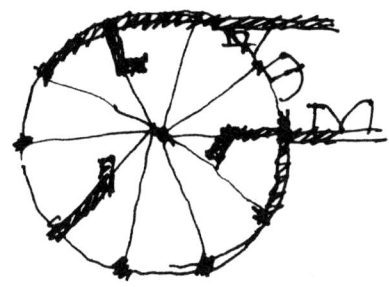

3. Kombination beider Gliederungsarten. Die Wirkung ist labyrinthartig und desorientierend

Allen Gliederungsversuchen begegnet die Schwierigkeit des Anschlusses an die Decke

runde Tischplatten eignen sich hingegen vorzüglich für Gruppen von sechs oder acht Kindern. Dann gewährt die Tisch-größe jedem Kind einen kaum spürbar gekrümmten Abschnitt, und die kom-munikative Qualität des rundenTisches kommt zum Vorschein.

Auch gedehnt rechteckige Grundriß-formen bieten besondere Schwierigkei-ten. Man unterscheidet hier zwischen Verweil- und Richtungsräumen. Rich-tungsräume fordern im Extrem zum Rennen und Toben heraus, ähnlich wie lange Gänge, die nicht nur im Kindergar-ten, sondern in vielen anderen pädagogi-schen Einrichtungen ein besonderes Problem darstellen. Für Gruppenräume mit solch langgestrecktem Grundriß kann man unter Umständen durch Ein-bauten helfen, die nachträglich Kleinför-migeres ins Quadrat setzen, vorausge-setzt, der Raum ist nicht zu schmal. Recht hilflos ist man solchen Räumen ge-genüber, wenn sie an den Stirnseiten große Fenster haben, die als einzige na-türliche Lichtquelle dienen. Einer Grup-penbetreuerin, die mit ihren Kindern in einem ehemaligen Refektorium unterge-bracht war, war dieser Zustand beschie-den. Noch dazu liefen die Fenster an den Stirnseiten in gotischer Manier oben spitz zu. Bei aller Herrlichkeit des histo-rischen Raums ohne vertikale Gliede-rung ein fast hoffnungsloser Zustand. Wir kommen darauf später noch zu spre-chen.

Die Orientierung ist nicht nur beim kreisförmigen Grundriß, sondern auch beim Vieleck schwierig. Langweilig ist es überdies durch die Gleichheit von Kom-pliziertem an mehreren Stellen. Aus Zentralität und Symmetrie gibt es kein Ausbrechen in skizzenhaft lockere Formen, auch keine Möglichkeit impro-visierter Ordnung, die sich auf die Be-dürfnisse der Kinder flexibel einläßt und nicht um ihrer selbst willen hergestellt wird. Diagonale Linien schaffen Unruhe und lassen für die Einrichtung mit Möbeln oder Einbauten keine befriedi-gende Ausgangssituation offen. In solchen Räumen kann nur geturnt werden. Auch der tradierte Stuhlkreis-

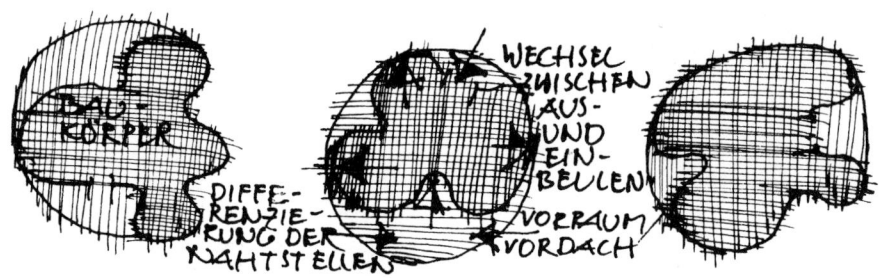

mag so zu seinem Recht kommen, aber die vielen Aktivitäten, die im Kindergartenalter dazwischen liegen, kommen zu kurz.

Nichts gegen organische Formen mit Krümmungen, Nischen, Höhlen, die sich wie selbstverständlilch bilden. Durch betonierte Wände, hergestellt mit Schalungen aus Brettern und flexiblen Platten, lassen sich bei ideenreicher Nutzung die Vorzüge dieses amorphen Materials preisen. Rudolf Steiner hat mit dem Entwurf zum 2. Goetheanum in Dornach bei Basel – dem ersten Vollbetonbau der Welt – Wege in die Zukunft gewiesen, deren Bedeutung erst in unseren Tagen von »zünftigen« Architekten erkannt wird, und Le Corbusier hat das Prinzip des organischen, auf den Menschen bezogenen Bauens in hoffnungsvoller Weise an der Chapelle St. Marie de la Haute in Ronchamps (Südvogesen) verwirklicht, ebenso Architekten von Waldorfkindergärten und -schulen, wenngleich nicht immer in solch überzeugender Weise. Natürlich kommt es auch beim Beton, diesem plastischsten, formbarsten aller Baumaterialien darauf an, wie man damit umgeht – nur muß bedacht werden, daß dieses Material bis heute fast ausschließlich aus Kostenersparnisgründen Verwendung findet, leider nicht aber seiner Formbarkeit wegen. In Ronchamps finden wir Boden- und Deckengestaltung, Richtungen und Strukturen der Wände, Lichtführung, Akustik und vor allem den Gedanken der Integration von Innen und Außen, auch des Aufenthaltes verschiedener Gruppen gleichzeitig mit Gottesdiensten

in unterschiedlichen Sprachen und Riten in vorzüglicher Weise realisiert. Ein Reichtum an architektonischen Gedanken ohnegleichen. Das Künstlerische daran hat aber wohl jede direkte Nachfolge unmöglich gemacht, die Bauideen in die Enge der Einmaligkeit getrieben und die Übertragbarkeit auf profane Bauten nahezu ausgeschlossen. Das ist höchst bedauerlich, denn auch Kindergartenbauten könnten solchen Ideenreichtum aufweisen.

Ungewöhnlichen Grundrissen liegt aber unserer Erfahrung nach im Kindergartenbereich in aller Regel kein stimmiges Konzept, sondern ein ästhetischer Einfall, oftmals auch nur eine fixe Idee zugrunde. Dies zeigen die folgenden Beispiele.

Zunächst auf der gegenüberliegenden Seite zwei Gruppenräume in einem Kindergarten mit Grundrißform im 30/60°-Winkel; Dachneigung ca. 30°. Der trapezförmige Raumgrundriß ergibt sich hier aus einem größeren Grundrißzusammenhang, den man jedoch im Raum selbst nicht wahrnimmt. Es ist nicht leicht, die Ecken auszunutzen, was allerdings angesichts der Tatsache, daß für 25 Kinder nur 45 qm zur Verfügung stehen, dringend erforderlich wäre. Mit Schrank- oder Regalraum, der in eine Ecke mündet, ist nicht viel gewonnen. Insgesamt ergibt sich der Eindruck der Irritation duch Symmetrie, mit der hier aber nichts anzufangen ist. Noch schwieriger ist die Gestaltung von Räumen, die sowohl den rechten als auch andere Winkel aufweisen.

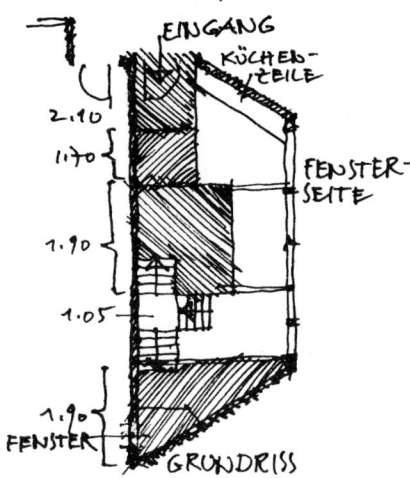

EINGANG
KÜCHEN-
ZEILE
FENSTER-
SEITE
2.10
1.70
1.90
1.05
1.90
FENSTER
GRUNDRISS

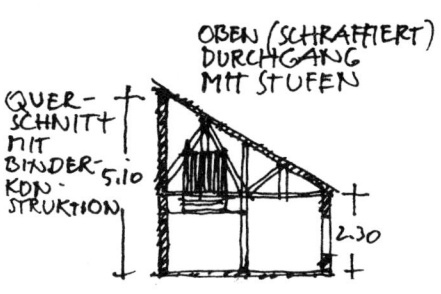

OBEN (SCHRAFFIERT)
DURCHGANG
MIT STUFEN
QUER-
SCHNITT
MIT
BINDER-
KON-
STRUKTION
5.10
2.30

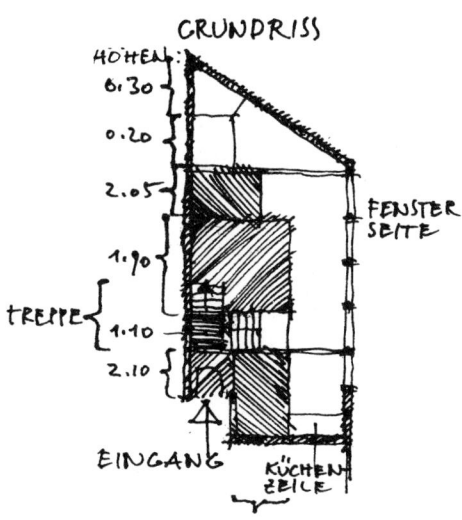

GRUNDRISS
HÖHEN:
6.30
0.20
2.05
1.90
1.10
2.10
FENSTER
SEITE
TREPPE
EINGANG
KÜCHEN
ZEILE

GRUNDRISSFIGUREN
VON RÄUMEN, DIE
NACH ERGÄNZUNG
VERLANGEN

DER RAUM IST NUR
EIN TEIL UND
VERLANGT NACH
ERGÄNZUNG
DURCH DEN REST
DES ACHTECKS

SO
AUCH DIESER GRUND-
RISS VERLANGT NACH
ERGÄNZUNG

BESSER
SO

Überlegungsskizzen zu ungewöhnlichen Grundrißfiguren

Etwas Besonderes als Grundriß bietet der Plan auf Seite 108 oben, der bei 46 qm Grundfläche 25 Kindern einen »eingezogenen« Raum gewährt, der zum Sitzen Platz hat, wenn nur Tische und Stühle aufgestellt sind. Folgerichtig sind hier auch die Sitzgelegenheiten bereits im Plan eingezeichnet, in Anlehnung an eine Raumdiagonale, obgleich klar sein müßte, daß für Kindergartenkinder auch andere Verhaltensweisen als das Sitzen an Tischen anzunehmen sind. Hier bleibt nur die Wahl, die Sitzgelegenheiten noch in der anderen Diagonalrichtung aufzustellen. Mehr allerdings gibt der Raum nicht her. Die Klage der Kindergärtnerin ist begreiflich: »Bedingt durch drei Türen und die Fensterfront ist es sehr schwierig, Puppen- und Bauecke unterzubringen. Deshalb hoffen wir, durch eine Zwischenetage Platz zu gewinnen.« Durch die Gliederung des Raumes wurde ver-

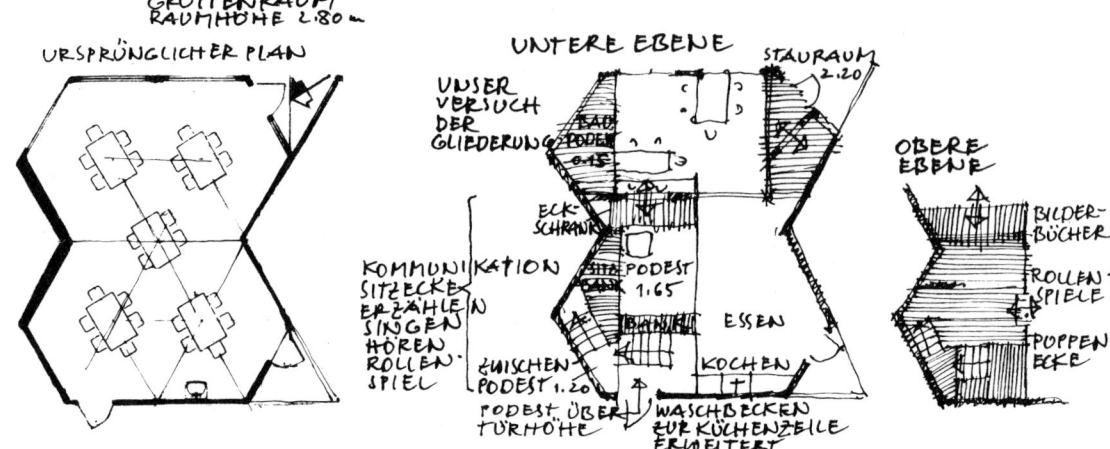

GRUPPENRAUM
RAUMHÖHE 2.80 m

URSPRÜNGLICHER PLAN

UNTERE EBENE

UNSER VERSUCH DER GLIEDERUNG

STAURAUM 2.20

BAD PODEST 0.45

ECK-SCHRANK

PODEST 1.65

OBERE EBENE

BILDER-BÜCHER

ROLLEN-SPIELE

PUPPEN-ECKE

KOMMUNIKATION
SITZECKE
ERZÄHLEN
SINGEN
HÖREN
ROLLEN-SPIEL

ZWISCHEN-PODEST 1.20

PODEST ÜBER TÜRHÖHE

BAD

ESSEN

KOCHEN

WASCHBECKEN
ZUR KÜCHENZEILE
ERWEITERT

sucht, in Anlehnung an die beiden ausgedehntesten, parallel zueinander stehenden Raumbegrenzungen eine ruhigere Ausgangssituation zu finden.Dabei wurde bewußt, daß der kristallinen Ekkigkeit der Raumform eher Kunststoffelemente entsprächen als Holz, das sonst für derartige Einbauten verwendet wird.

Negative Voraussetzungen für den Kindergarten liegen nicht nur in horizontalen Mißbildungen, sondern ebenso oft auch in vertikalen. Dazu ein Beispiel: In W. soll eine Kindertagesstätte erweitert werden. Ein ehemaliger Schlaf- und Ausweichraum soll in Zukunft als Gruppenraum genutzt werden können; aber deutlich kann man seine respektable Höhe ermessen (3,40 m). In betonierter Masse eine Fensterwand in blauen Metallfassungen, das auffallendste aber sind zwei mächtige, frei im Raum stehende und dazu leicht diagonal, wie zur Verbeugung geneigte Betonstützen,, 40 x 70 cm stark,die gleich starke Betonunterzüge halten, auf denen die Decke ruht. Gegen diese moderne Konstruktion ist die Gotik mit ihrem Strebewerk ein Nichts. Und so massiv das alles auch aussieht, es bietet nicht ein-

mal Schutz gegen Regen. 1978 von einem hochkarätigen Architekten gebaut, regnet es trotz beständiger Mängelanzeigen und Reparaturen beständig herein. Der Fußboden ist in PVC hellgrau ausgelegt, auch sonst ist alles grau, eben Beton, Spannbeton. Es zeigt sich alsbald, daß Sanierungsüberlegungen nur mit beträchtlichem Aufwand zu bewerkstelligen sein werden. Dabei wird es vor allem darum gehen, die Raumverhältnisse auf kindliche Proportionen zu beziehen. Dazu eine Skizze, die als Anregung für den Umgang in vergleichbar schwierigen Raumsituationen dienen mag:
Die Kindertagesstätte K. befindet sich in einem Gemeindehaus aus der Gründerzeit mit neugotischer Fassade und entsprechenden Fenstern. Das denkmalpfle-

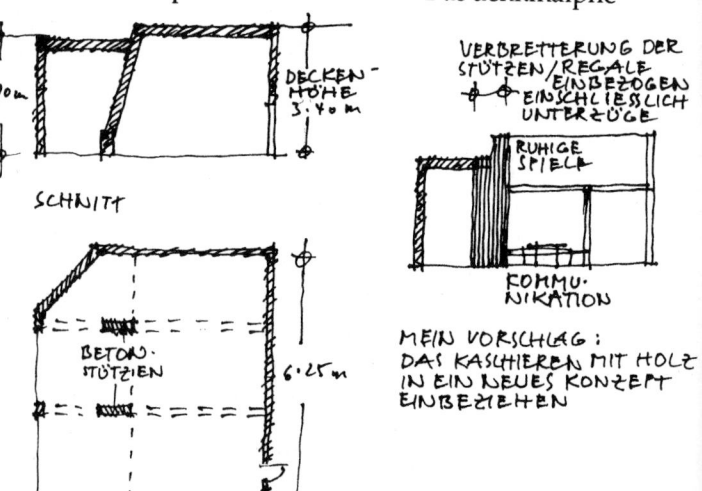

2.70 m

DECKEN-HÖHE 3.40 m

SCHNITT

BETON-STÜTZEN

6.25 m

GRUNDRISS

VERBRETTERUNG DER STÜTZEN / REGALE EINBEZOGEN EINSCHLIESSLICH UNTERZÜGE

RUHIGE SPIELE

KOMMU-NIKATION

MEIN VORSCHLAG:
DAS KASCHIEREN MIT HOLZ IN EIN NEUES KONZEPT EINBEZIEHEN

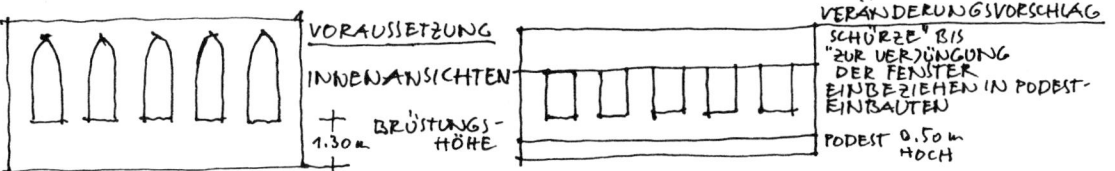

gerische Ambiente und der stilgeschichtlich hohe Anspruch der Architektur stimmt mit dem Alltagsleben, das hier stattfinden soll, wenig überein. Auch die Diskrepanz zur Wohnwelt der Kinder schafft Spannungen. Der Veränderungsvorschlag zielt auf ein nüchterneres, weniger anspruchsvolles Niveau, das die Alltagswelt der Kinder nicht ignoriert.

Flexible Wände – eine fixe Idee

Faltwände sind, wo wir sie in Kindertagesstätten finden, zumeist ein Relikt der späten 60er Jahre. Sie sollten helfen, das Konzept veränderbarer, flexibler Räume zu verwirklichen, haben sich aber in Kindertagesstätten zumeist nicht bewährt. So hatte auch der Kindergarten M. in dieser Zeit eine Faltwand erhalten, um die außerordentlich ungünstigen räumlichen Ausgangsbedingungen zu verbessern. Zur Verfügung stand ein Raum von 162 qm mit einer anschließenden Bühne von 22 qm. Die Raumhöhe lag bei 4,20 m. Ungegliedert war dieser ehemalige Festsaal des Gemeinde- und Schwesternhauses in M. als Kindergarten nicht geeignet. Die Brüstungshöhe der Fenster lag bei 1,40 m, und sechs paarweise in gleichmäßigen Abständen über den Raum verteilte gußeiserne Säulen mußten den Eindruck des Notbehelfs verstärken. Auf nachdrückliches Betreiben der Kindergartenleiterin wurden die beiden mittleren Stützen herausgelöst, an ihrer Stelle wurde ein starker Träger als Unterkonstruktion für die Decke eingezogen und

in die Trägerkonstruktion wurde eine Faltwand eingefügt. Vor der Teilung müssen sich die Kinder wie Häslein in einer viel zu tiefen Grube vorgekommen sein, danach wie auf dem Jahrmarkt. Die Hälfte der ursprünglichen Grundrißfläche, immerhin noch 80 qm je Raum bei 4.20 m Höhe war für die Kinder unüberschaubar. Die Verlorenheit im Raum wurde durch das neue Verhältnis der Raumhöhe zur Raumtiefe verstärkt. Gegenüber anderen Kindergärten mit Faltoder auch Schiebewänden, bei denen zum Feiern zwei Gruppenräume zu einem zusammengefügt werden können, war die Teilung hier notwendig, um eine Kindergartengruppe von 50 Kindern in zwei zu je 25 zu teilen. Die Faltwand jedoch brachte auch neue Probleme: einer der beiden Räume war nun Durchgangsraum geworden. Wenn die Kinder aus dem hinteren, gefangenen Raum auf den Spielplatz oder auch nur zur Toilette wollten, mußten sie den vorderen Gruppenraum durchqueren: eine Quelle ständiger Unruhe. Die erste der folgenden Zeichnungen veranschaulicht die Ausgangssituation mit Faltwand, die zweite verdeutlicht den Versuch, den gesamten Raum entsprechend den gegenwärtigen Bedürfnissen neu zu gliedern. Dies war ohne Beseitigung der Faltwand nicht möglich.

Entstehen konnten so zwei Gruppenräume von je ca. 45 qm Grundfläche. Rechnet man je 20 qm Podestfläche mittlerer Höhe hinzu, die ebenfalls entstanden, ergaben sich gegliederte Gruppenräume von je 65 qm Spiel-, Betätigungsund Bewegungsfläche. Hinzu kam ein Mehrzweckraum mit ca. 30 qm und ein Personalraum mit 6,5 qm, dessen Nutz-

fläche sich durch eine Zwischenebene auf 10 qm erweitern läßt. Bei rationeller Ausführung sind für die Verkehrszonen nur etwa 8 qm vorzusehen.

Es gibt schwierige, knifflige und auch verzweifelte Situationen, wenn man sich mit der Nutzung von Häusern oder Gruppenräumen für Kindertagesstätten befaßt. Es kommt vor, daß man zum Aufgeben und zum Abriß raten möchte oder zum Aufstellen einer Baracke als Ersatz. So gibt es kranke und hinterhältige, böse und auch arrogante Häuser, mit breiten Hutkrempen als Dachüberstand, die aber gar nicht bergen wollen, solche mit leeren Physiognomien, hohläugig, weshalb wohl viele

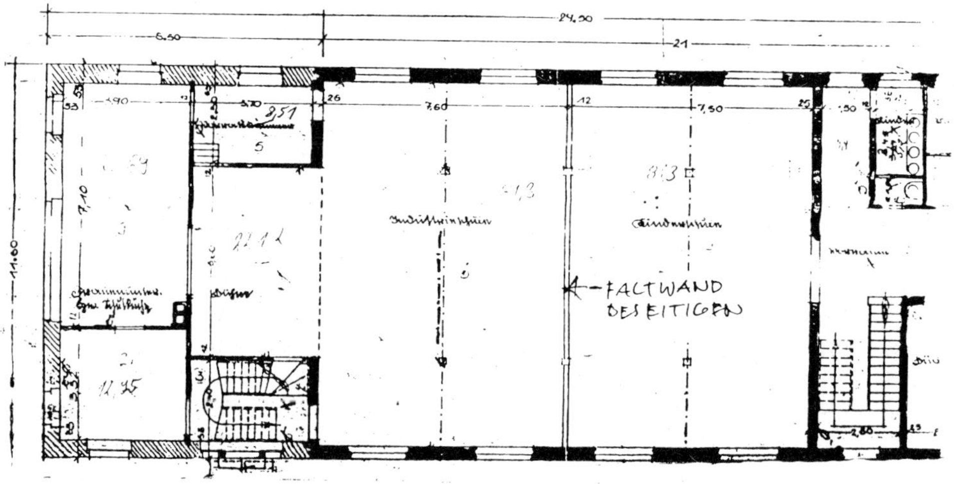

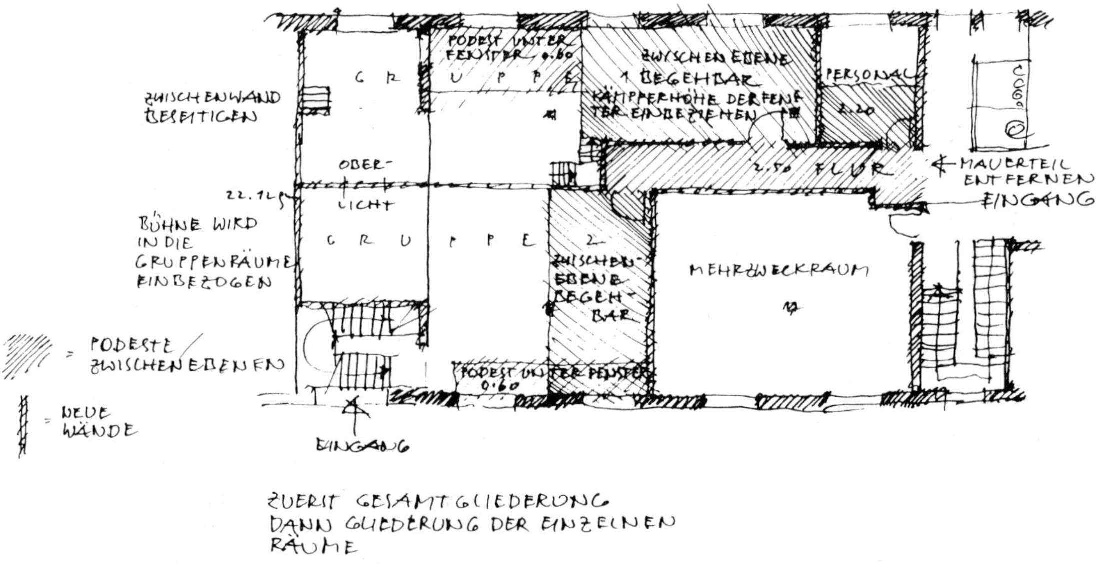

Kindergärtnerinnen meinen, sie müßten ihnen die entbehrten Augen durch Glasmalerei an den Scheiben ersetzen. Wenn wir dies so pointiert sagen, könnte es den Anschein haben, daß von uns Schwierigkeiten zu sehr betont werden. Das mag sein, denn in der Tat erleben wir viele. Nur wenn etwas nicht stimmt, wenn nach mehr Platz, mehr Ruhe, mehr Gelegenheiten zur Betätigung, nach Bewegungsmöglichkeiten gesucht wird, wird nach Abhilfe Ausschau gehalten, nicht dann, wenn »alles klar« ist. Wenn wir uns an dieser Stelle ausdrücklich auch mit den Schwierigkeiten der Raumgestaltung befassen, möchten wir den Kindergärtnerinnen vor allem Hilfen zur Raumkritik an die Hand geben. Wenn sie ihrem Unmut Ausdruck verleihen, dies möglicherweise auch unbeholfen und fernab vom Jargon der professionellen Planer und Raumgestalter tun, müssen sie gewärtig sein, daß die Kritik, die sie an den räumlichen Bedingungen und Voraussetzungen ihrer Arbeit üben, auf ihre pädagogische Qualifikation umgelastet wird. Die gegenwärtige Arbeitsmarktlage ermutigt nicht dazu, sich durch Kritik zu exponieren. Der nächsten Kraft, die eingestellt wird, ist vielleicht alles recht. Dabei sind es die Mitarbeiterinnen und Mitarbeiter in den Kindertagesstätten, denen der Raum am nächsten liegt. Sie erfahren ihn tagtäglich als Unterstützung oder auch als Hindernis ihrer pädagogischen Bemühungen. Alle anderen, erst recht die Verantwortlichen, die über die Planung und den Bau von Kindertagesstätten entscheiden, Gemeinderäte, Bürgermeister, Pfarrer, Beiräte, Elternräte, sind von den praktischen Auswirkungen ihrer Planung allenfalls besuchsweise betroffen.

Wie über Kindergartenräume entschieden wird – Eindrücke einer Bauausschußsitzung

Zuerst werden die Ergebnisse von Ausschreibungen besprochen und Zuschläge jeweils für den, der am billigsten zu sein verspricht, erteilt: die Estrichfirma, der Fliesenleger, das Malergeschäft. Ein Verputzgeschäft, welches einem der Anwesenden in unangenehmer Erinnerung ist, soll auch so gekürt werden. Ein Gemeinderat meldet sich zu Wort: Die Folgelasten, so sagt er, würden den Differenzbetrag bis zur nächstteureren Firma weit übersteigen. Dies sei seine Erfahrung. Aus formalen Gründen werden seine Einwände mißbilligt. Mit der Mahnung an den Architekten, er solle ein wachsames Auge auf die Ausführung der Arbeiten richten, wird auch hier der Zuschlag erteilt.

Ich bin von Mitgliedern des Elternbeirats gebeten worden, im Rahmen dieser Sitzung meine Vorstellungen zum Innenausbau der Kindertagesstätte vorzutragen. Ich beginne mit der Bitte, zusätzlich zur Kücheneinrichtung, über die auch schon verhandelt worden ist, Kochgelegenheiten in jeden Gruppenraum einzubeziehen. Dieser Gedanke, der mir so selbstverständlich erscheint, scheint denen, die hier zu entscheiden haben, fremd. Er verunsichert besonders die mit der Finanzierung befaßten Sitzungsteilnehmer. Im anschließenden Referat, das durch Dias aus verwandten Einrichtungen und Kindergärten, die raumgliedernde Einbauten erhalten haben, veranschaulicht wird, bemühe ich mich besonders, auf die Gliederung der Räume in der Höhendimension einzugehen und zeige ausführlich unterschiedliche Gestaltungsmöglichkeiten. Die Reaktion auf den Vortrag zeigt, daß sich der Architekt vorstellen kann, worum es geht, während die übrigen Gesprächsteilnehmer, sofern sie nicht zuvor schon, wie einige Elternbeiräte, vergleichbare Einrichtungen besichtigt haben, sich nicht zu Wort melden oder nur Einzelheiten denken können. Zu dieser Gruppe gehören leider auch der Pfarrer und der Bürgermeister, von deren Votum alles

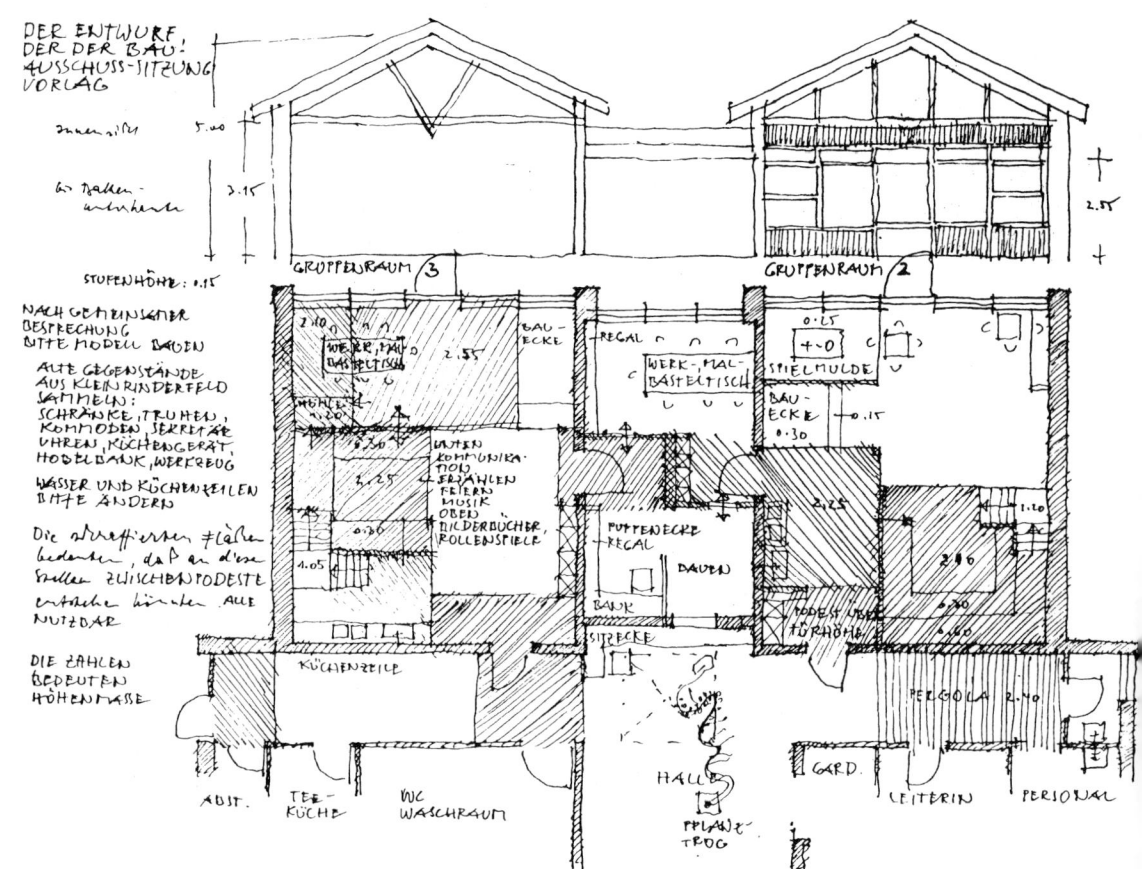

abhängt. Die Aufgänge in den gezeigten Einrichtungen erscheinen ihnen zu steil, die Rückzugsangebote verhindern ihrer Meinung nach die dringend erforderliche Übersichtlichkeit. Der Bürgermeister bringt als Gefahrenpunkte Ecken und Treppen ins Gespräch. Er ist über die Höhe der Treppen erstaunt und gibt zu bedenken, daß er mit Behörden mehrmals um die Durchsetzung von nur zwei Stufen lange vergeblich verhandelt habe. Der Ärger über diese Verhandlungen richtet sich indes nicht auf die Verhandlungspartner, sondern auf das Verhandlungsobjekt: Treppen, so stellt er apodiktisch fest, seien für Kindergartenkinder überhaupt unzumutbar. Ich weise auf die Möglichkeit hin, sich in Einrichtungen in Würzburg und Umgebung nähere Informationen einzuholen und auch die Bauausschüsse der Kindergärten auf ihre Erfahrungen hinsichtlich der

Durchsetzung von Einbauten mit Podesten zu befragen. So entstehe vielleicht am ehesten Klarheit über die Nutzungsmöglichkeiten, die Unfallgefahren und eventuelle negative Auswirkungen von Einbauten. Weder Pfarrer noch Bürgermeister reagieren auf dieses Angebot. Architekt und Kindergartenleiterin stimmen dem Konzept zu. Für die Kindergartenleiterin, die zuvor einige Einrichtungen, in denen schon Einbauten vorgenommen worden waren, besichtigt hatte, ist besonders das Gespräch mit den dort arbeitenden Erzieherinnen maßgeblich. Dies indes hat, wie der weitere Sitzungsverlauf zeigt, wenig Gewicht. Der Bürgermeister äußert nun die Befürchtung, daß durch Einbauten die für die Ausstattung vorhandene Summe überschritten wird. Die Selbstverständlichkeit, mit der unter Hinweis auf erhöhte Dachstuhl- und Kellererstellungskosten eine unzureichende Innenausstattung hingenommen wird, bringt mich auf. Ich weise auf die Rechte der Kinder hin, für die die Öffentlichkeit Sorge zu tragen habe und bemerke, daß ich der Meinung sei, Erzieherinnen würden heute vielfach »verheizt«, weil man den erschwerten Bedingungen, unter denen gegenwärtige Erziehung stattfinde, nicht angemessen Rechnung trage. In »K«, so wird mir mißmutig und entschieden entgegnet, »werden keine Kindergärtnerinnen verheizt«. Lokalpolitisch umgebogen, werden meine Einwendungen gegen die Arbeitsbedingungen von Mitarbeitern in Kindertagesstätten abgewiesen. Der Tagesordnungspunkt Innenausstattung ist damit abgeschlossen. Wir werden reichlich förmlich aus der Bauausschußsitzung verabschiedet. Über den weiteren Verlauf der Sitzung wird uns nichts bekannt.

Ich sitze anschließend mit den enttäuschten Elternbeiräten zusammen. Wir debattieren über die Frage nach den eigentlichen Beweggründen für die negative Wendung, die die Bauausschußsitzung genommen hat. Nach einer Stunde ist diese beendet. Architekt, Pfarrer, Kirchenräte suchen beim Hinausgehen noch einmal das Gespräch. Dabei geht es allerdings nicht um Klärung, sondern um Beschwichtigung, wie sich alsbald herausstellt. Ein Kirchenrat erklärt mir, zu seiner Zeit, also vor etwa vierzig Jahren, seien sie 60 bei einer Kindergartentante im Kindergarten gewesen. Mit 25 Kindern je Gruppe seien die Verhältnisse heutzutage doch paradiesisch. Als ich mich vom Pfarrer verabschiede, empfehle ich ihm noch einmal, sich in einem der von mir umgestalteten Kindergärten umzuschauen. Darauf entgegnet er, daß ich vom Elternbeirat eingeladen worden sei und nicht von ihm oder vom Bauausschuß. Er sei übrigens auch kein Fachmann und ich möge es von daher verstehen, wenn ihm angesichts der übrigen Aufgaben, die auch schwer auf ihm lasteten, die Zeit fehle, sich durch eine umfängliche Besichtigung von Einrichtungen sachkundig zu machen. Kein Zweifel: so wie er bisher alle Belange vertreten hat, wird er es auch weiterhin tun: sachlich weithin inkompetent, aber als anerkannter Fachmann für Entscheidungsprozeduren und Mehrheitsbeschaffer.

Außenbereiche von Kindertagesstätten

Nur selten wird den Außenbereichen von Kindertagesstätten die Aufmerksamkeit zuteil, die ihnen für das Freispiel eigentlich zukommt. Meist ist der Außenbereich eines Kindergartens wenig mehr als eine magere Rasenfläche, in der ein Riesensandkasten liegt mit Beton- und Kunststeineinfassung, hinzu kommen ein paar Eisengestänge zum Klettern, eine Rutschbahn, eventuell eine Wippe oder ein Karussel, selten Schaukeln, rot, blau, grün, gelb lackiert. Einige zumeist pflegeleichte Sträucher rahmen die Fläche, um sie ist der Boden hart, abgenutzt vom Spielen, selten nur kann die Bepflanzung selbst in das Spiel einbezogen werden. Gewöhnlich liegen diese Spielflächen im Süden, über den Sommer hin ist der Boden staubig und wenig einladend. Selten nur wird deutlich, daß die Förderung der Motorik, auf die die Klettergeräte, Rutschen, Schaukeln, Wippen und Balancierbalken abzielen, für das spielende Kind nur ein erster Schritt sind. Grob- und feinmotorische Bewegungsübungen sind die Voraussetzungen für Betätigung und differenzierteres Spiel, nicht ihr Ersatz. Für die Älteren bedeutet das auf das Training der Motorik beschränkte gängige Angebot – ob in Metall, Kunststoff oder Holz, auf Hartbelag oder englischem Rasen – Einseitigkeit und Einschränkung ihrer Spiel-, Lern- und Entwicklungsmöglichkeiten.

Für die gestalterische Planung von Außenbereichen liegen, wie auch für Innenräume, stets unterschiedliche Voraussetzungen vor: der Zuschnitt und die Modellierung des Geländes, die Himmelsrichtung, die benachbarte Bebauung, die Höhe der Zäune, der Wände, der Kindergartenbau selbst, der gewöhnlich angrenzt, schließlich der Baumbestand, die Möglichkeiten der Wasserentnahme zum Gießen von Beeten, aber auch die Frage, ob offene Hütten vorhanden oder vorgesehen sind, überdachte Freiplätze für den Aufenthalt der Kinder in Übergangszeiten oder bei schlechtem Wetter – ein weites Feld, das hier nicht erschöpfend behandelt werden kann. Einige grundsätzliche Erwägungen enthält die folgende Übersicht, in der Spielformen, pädagogische Intentionen, Materialien und Spielorte zugeordnet sind.

Wasserpumpe im Außenbereich eines Kindergartens

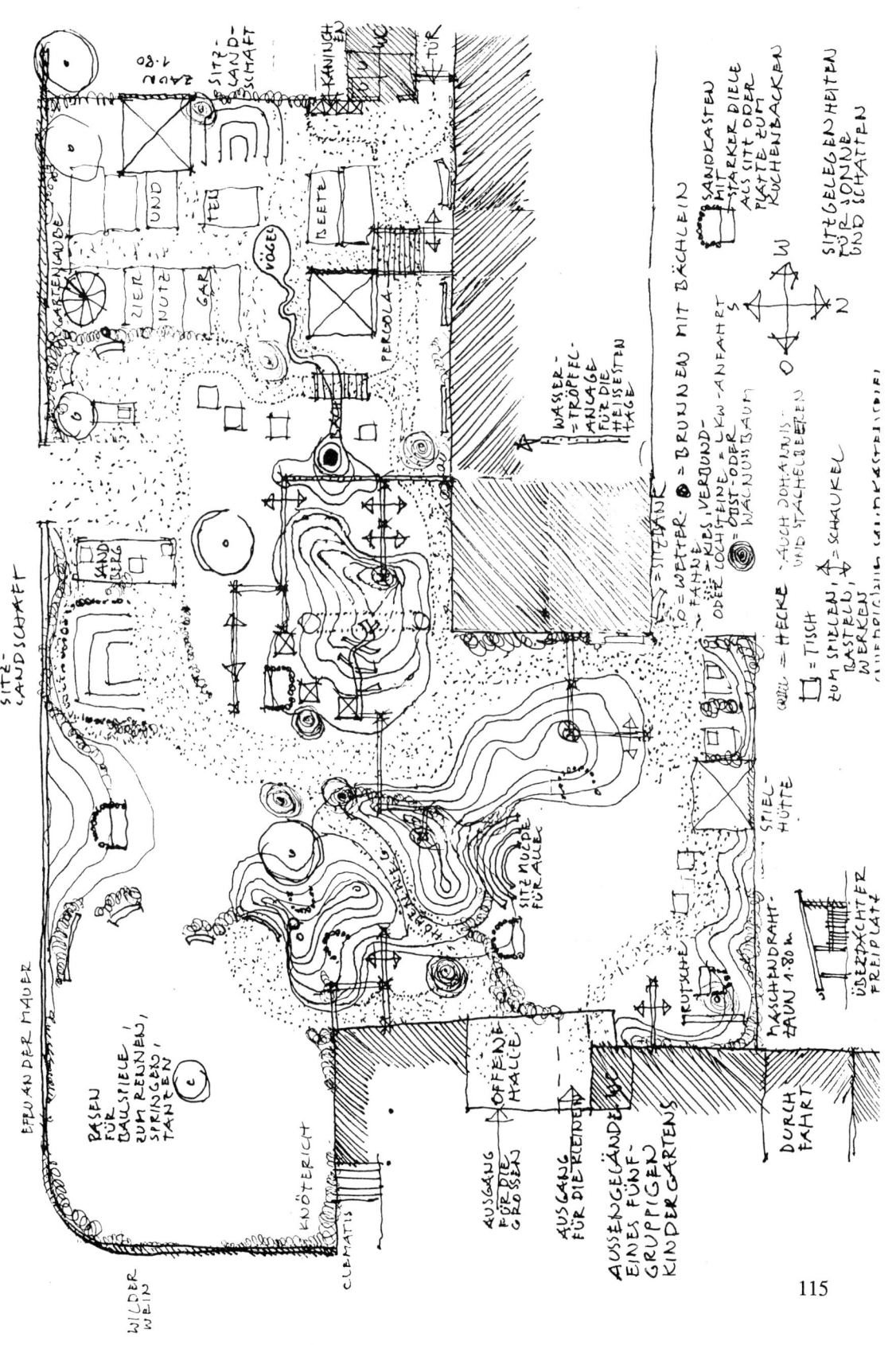

115

Spielformen, Materialien und Spielorte

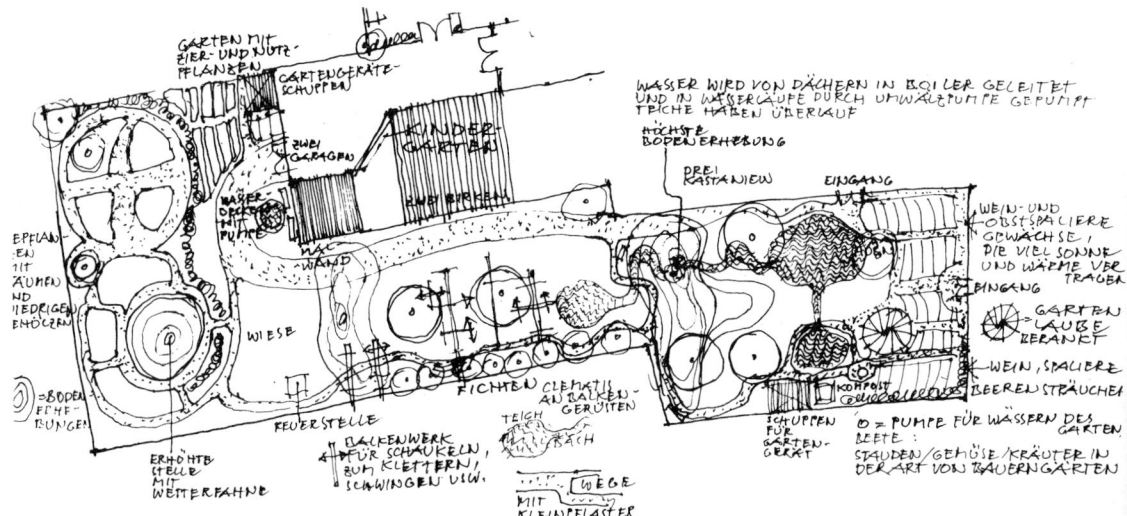

Motorische Spiele

Was	Womit	Weshalb	Wo
1. Ball- und Wurfspiele – Zielen, Werfen, Fangen	verschieden große und schwere Bälle, Ringe	Koordination von Bewegung, Entwicklung von Geschicklichkeit	Halbschattige Wiese, Bretterwand, Hartplatz
2. Klettern, Balancieren, Hüpfen	liegende Bäume und Äste; unterschiedlich lange und hoch angebrachte Baumstämme, Baumabschnitte, große Steine	Überwindung von Höhenunterschieden, Entwicklung von Sicherheit im Balancieren, Mut, motorisches Geschick	auf und an Wegen im Freigelände
3. Schaukeln, Schwingen	Taue an Bäumen in unterschiedlicher Höhe befestigt, Reifen, die an Tauen befestigt sind, Taue mit Knoten, Strickleitern, Balancierscheiben	Entwicklung von Körpergefühl, Mut, motorischer Geschicklichkeit	zwischen Bäumen, an Balken, an Wegen
4. Fahren, Rollen, sich fahren lassen	Kett-car, Handwagen, Dreirad, Roller, Rollschuhe, »Holländer«	Gleichgewicht, Geschicklichkeit, Mut, Zusammenspiel	auf Wegen und Hartplätzen
5. Ausruhen, Sitzen	Baumabschnitte, halbiert zu Bänken	Regenerieren, Beobachten, Neues initiieren	in der Sonne und im Schatten

116

Spiele zur Sensibilisierung der Sinne in Tätigkeit

Was	Womit	Weshalb	Wo
1. Matschen, Planschen, Gießen	Schlauch, Gießkanne, Eimer, Blumen, Sträucher	elementare Erfahrungen mit dem Wasser	Kuhlen, flache Tümpel, wo vorhanden, Bachläufe
2. Feuer erleben	Holz, Papier, Pappe	elemtare Erfahrungen mit Wärme, Feuer, mit der Zubereitung von Nahrung	Feuerstelle mit Bruch- oder Ziegelsteinen
3. Hören	Hartholzstäbe, Metallbüchsen, Metallglocken und andere große Klangkörper, Metallplatten und Kessel	elementare akustische Erfahrungen durch Eigentätigkeit, Übersetzung von Motorik in Akustik	an Spielwegen, unter Hüttendächern
4. Differenziertes Hören	mit Saiten bespannte Klangkörper streichen, anzupfen, Bongos, Becken, Flöten	Sensibilisierung und Erweiterung des Hörens	Nischen, Hütten
5. Indirekte Wahrnehmung	wie 3., nur indirekte Übertragung von Kraft in Akustik durch hebeln und drehen in horizontaler und vertikaler Richtung: Glockenspiel, Windmaschine	Erleben der Verstärkung eigener Aktivität	an Spielwegen, unter Dächern
6. Riechen	Pflanzen mit unterschiedlichen Duftstoffen, feuchtes Laub, vermodernde Baumstümpfe, etc.	elementare Erfahrungen und Differenzierung des Geruchssinns	Garten, Beete
7. Graben, Pflanzen	Erde, Spaten, Schaufeln, Harke, Erde fahren, im Garten helfen, Reisig und Blätter sammeln	Naturerfahrung, Pflegen und Bewahren	Garten, Beete
8. Formen	Sand in Sandhaufen, Sandkästen (Mulden und Wölbungen), Förmchen, Schaufeln	elementare Erfahrungen mit festen flexiblen Stoffen unterschiedl. Konsistenz	der Landschaft angepaßt im Garten oder in Hausnähe
9. Formen in Ton	mit Händen, Latten, Rundhölzern, Schlagen, Werfen, Matschen, Zerteilen, Zusammenfügen	Erfahrungen mit klebrigen unterschiedlich strukturierten Materialien mit und ohne Schamottezusatz	in Hütten, unter Dächern
10. Malen	auf Wänden, Hölzern, Packpapierbahnen am Boden	Gestalten, Spuren finden, großmotorisches Agieren mit Farben	an Wänden, in Hütten, auf dem Boden

Spiele zur Gemütsbildung, Willensbildung, Ausdauer und Kommunikation

Was	Womit	Weshalb	Wo
1. Rollenspiel, Spielen mit Puppen, Verkleiden	alte Bekleidungsstücke, Hüte, Taschen, Puppen, Requisiten	Anbahnen von Beziehungen durch gemeinsames Agieren, Reflektieren, Sprechanbahnung	Spielbau, Hütten im Wald, immer mit oder vor Hintergrund, Außenräume
2. Experimentieren, Technisches zerlegen, zu Neuem zusammenbauen	alte Fernseh- und Radioapparate, Plattenspieler, Uhr, Kühl- und Waschmaschinen	Mobilisierung des Denkens, Anbahnung von Beziehung zur Technik	in Hütten, Spielbauten und davor
3. Fotoarbeiten	einfache Apparate, Vergrößerungsgeräte, ›camera obscura‹, etc.	Erfahrung, daß sich durch Eigenaktivität und Technik Veränderung im Wahrnehmen ergibt	innerhalb der Gruppe, von Selbstgemachtem, Interessierendem, Strukturen
4. Höhlen graben, Hütten, Zelte bauen	Bretter, Schwarten, Stämme, Stangen, Balken, alte Türen und Fenster, mit Stöcken, Planen, Decken, Spaten, Pickel, Hämmer, Nägel, Zangen, Sägen	Geborgenheit, Verstecken, Aufbewahren von Werkzeug und Material, Schlafen, reichstes Erfahrungsfeld in Tätigkeit mit selbstverständlicher Zusammenarbeit	am Wald- und Heckenrand (Licht und Schatten, Rückendeckung)
5. mit Tieren leben	Esel, Kleinpferde, Schafe, Ziegen, Kaninchen, Hühner, Vögel	Anbahnung von Beziehung zu Tieren (und Menschen), Reittherapie, zur Begleitung und zum Wagenziehen bei Spaziergängen, Wartung der Tiere, Stallbau, Koppelbau	in der Nähe der Kindergärten

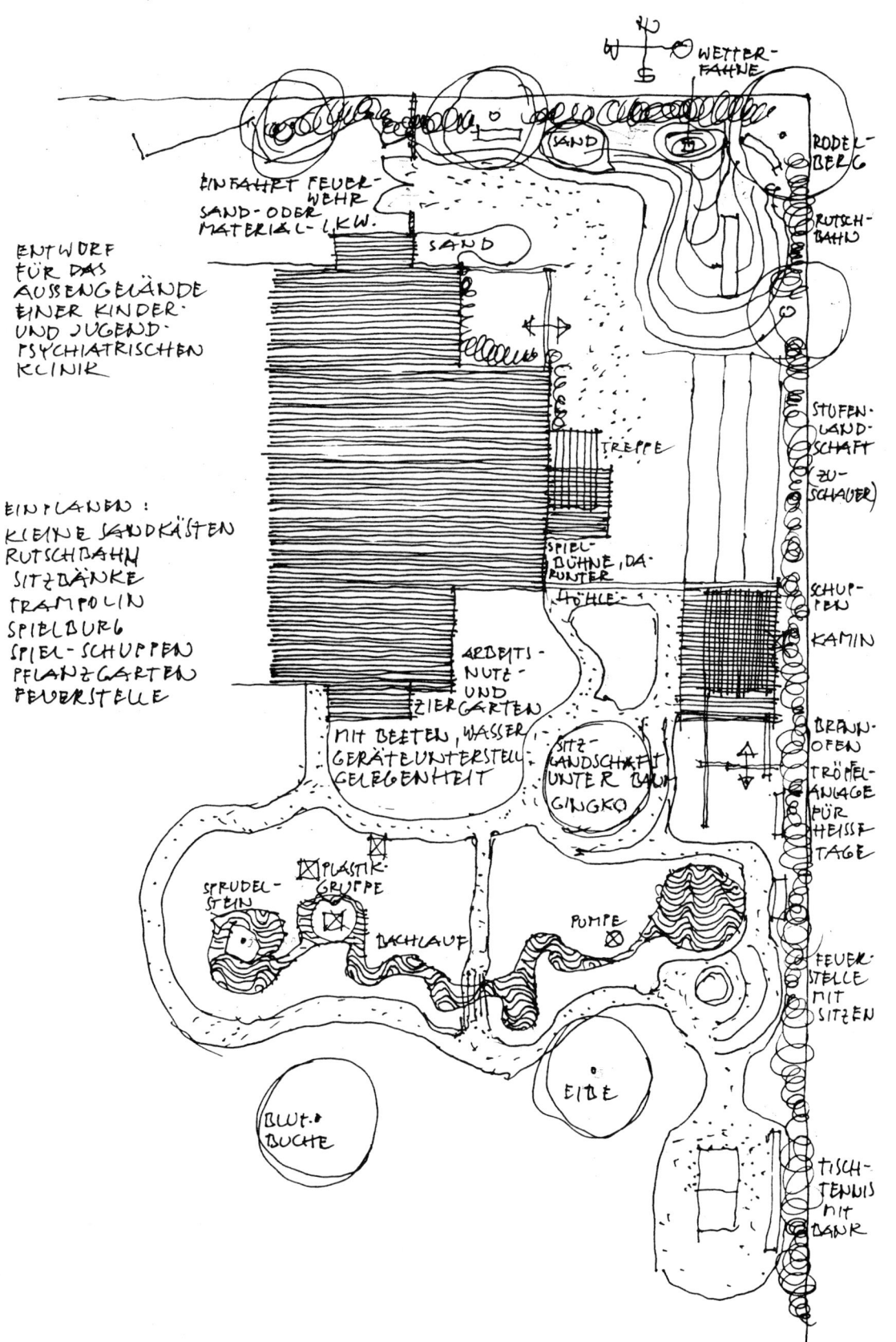

WETTER-
FAHNE

ENTWURF
FÜR DAS
AUSSENGELÄNDE
EINER KINDER-
UND JUGEND-
PSYCHIATRISCHEN
KLINIK

EINPLANEN:
KLEINE SANDKÄSTEN
RUTSCHBAHN
SITZBÄNKE
TRAMPOLIN
SPIELBURG
SPIEL-SCHUPPEN
PFLANZGARTEN
FEUERSTELLE

EINFAHRT FEUER-
WEHR
SAND-ODER
MATERIAL-LKW.

SAND

SAND

TREPPE

SPIEL-
BÜHNE, DA-
RUNTER
HÖHLE

ARBEITS-
NUTZ-
UND
ZIERGARTEN
MIT BEETEN, WASSER
GERÄTEUNTERSTELL-
GELEGENHEIT

SITZ-
LANDSCHAFT
UNTER BAUM
GINGKO

PLASTIK-
GRUPPE

SPRUDEL-
STEIN

BACHLAUF

PUMPE

RODEL-
BERG

RUTSCH-
BAHN

STUFEN-
LAND-
SCHAFT
(ZU-
SCHAUER)

SCHUP-
PEN

KAMIN

BRAUN-
OFEN

TRÖPFEL-
ANLAGE
FÜR
HEISSE
TAGE

FEUER-
STELLE
MIT
SITZEN

BLUT-
BUCHE

EIBE

TISCH-
TENNIS
MIT
BANK

WETTERFAHNEN

DREHBAR!

HÜLSE ÜBER DER WETTERFAHNEN-STANGE

DURCH BLEI BESCHWEREN

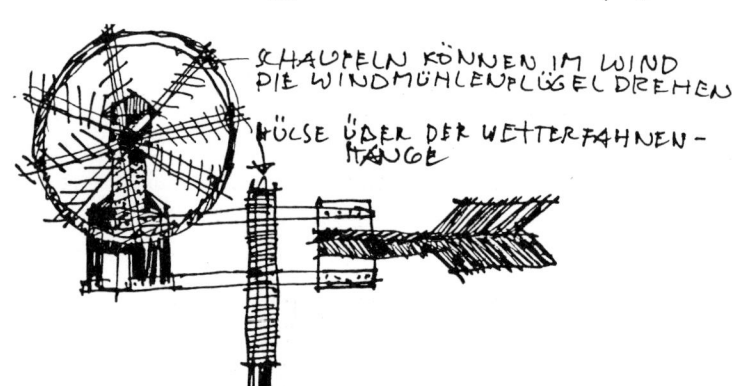

SCHAUFELN KÖNNEN IM WIND DIE WINDMÜHLENFLÜGEL DREHEN

HÜLSE ÜBER DER WETTERFAHNEN-STANGE

WIE EIN SCHERENSCHNITT DURCHBROCHEN AUS SCHWACHEM BLECH IN FESTEM RAHMEN

DREH-PUNKT KUGELLAGER ODER AUF HÜLSE

DURCH BLEI BESCHWEREN

1.20 m

Exkurse

Kinderräume in Krankenhäusern

Krankenhausaufenthalte sind für Kinder fast immer beängstigend. Zurecht greift der Situationsansatz in der Vorschulpädagogik die mit diesem Ort verbundenen Ängste und Bedrängnisse auf, um sie in Gesprächen und Exkursionen abzubauen. Als ein Schulanfänger ein Bild zum Krankenhausaufenthalt mit der Unterzeile »Das kranke Haus« versah, schien uns darin mehr als ungelenke Orthografie zum Ausdruck zu kommen. In der Tat unterstützt die Atmosphäre dieses Ortes nur selten die medizinisch-pflegerischen Bemühungen.

Der Verzicht des Personals auf die »erschreckend« weißen Kittel, auf die weiße Farbe als Grundton der Kinderstationen, die vielfach einer sensorischen Depriva-

Kinderzeichnung: Krankenhaus – DAS KRANKE HAUS – Die Dürftigkeit der Zeichnung entspricht der gestalterischen Dürftigkeit, der das Kind im Krankenhaus zumeist begegnet

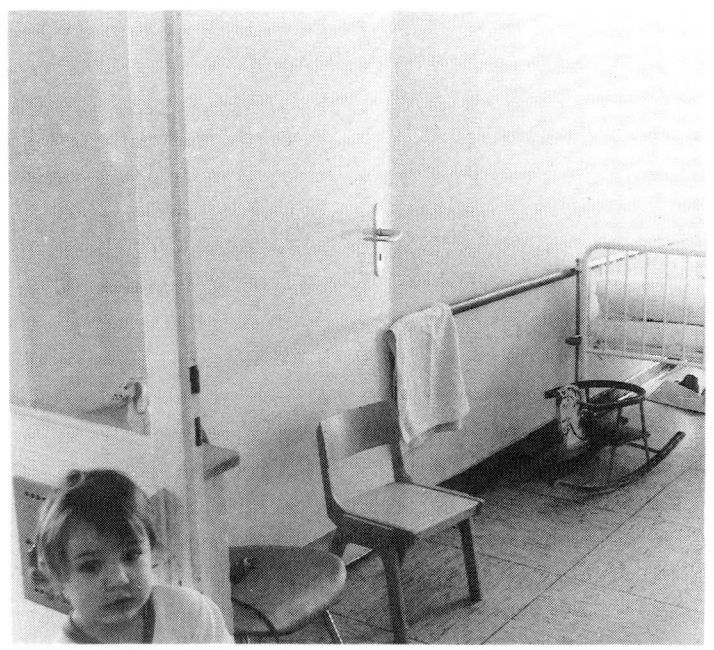

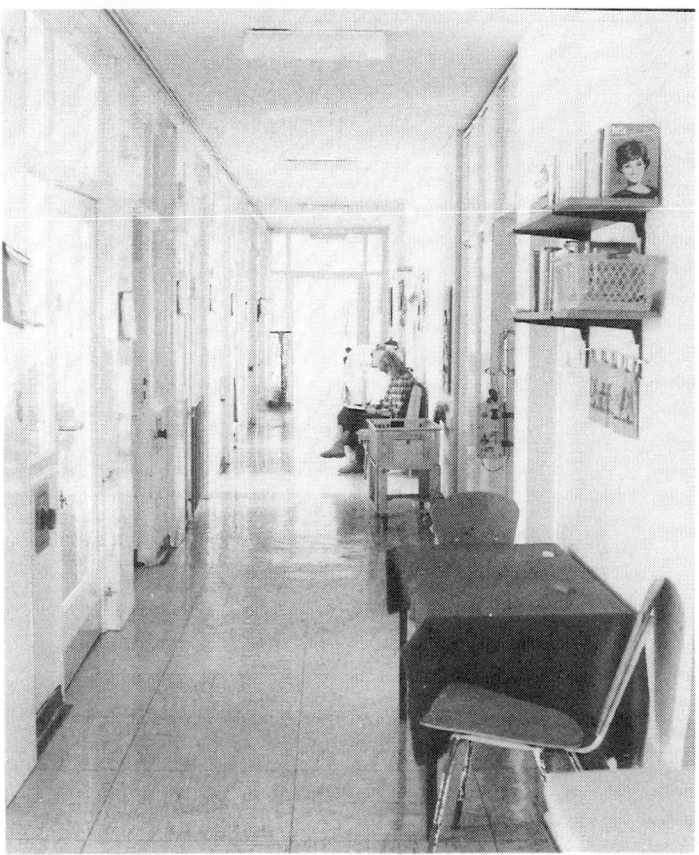

tion gleichkam, war in manchen Krankenhäusern eine Revolution und ist heute leider immer noch Ausnahme. Die stundenweise Einstellung von Sozialpädagogen und die Einrichtung von Spielzimmern an der Peripherie der Stationen ist oft das mühsam zustande gebrachte Kompromißergebnis jahrelanger Auseinandersetzungen mit Verwaltung und Kostenträgern. Wo der Einrichtung nicht ein gründliches Umdenken, ein erweitertes Verständnis von Krankheit und Heilung zugrunde lag, verkamen Spielzimmer schon nach wenigen Monaten zu lieblos behandelten Abstell- und Gerümpelkammern.

Verloren sitzt eine Mutter auf dem langen Stationsflur. Auch im Krankenzimmer kann sie sich aufhalten. Aber die Atmosphäre ist hier wie dort gleich bedrückend. Es geht auch anders: in Pelzerhaken bei Neustadt in Holstein, einem Zentrum für cerebralgeschädigte Kinder, ist die Station »Bienenkorb« mit Einbauten im Gemeinschaftsraum und in den Schlafräumen, bzw. Krankenzimmern ausgestattet worden.

*Gemeinschaftsraum einer
Kinderstation*

*Details aus dem Gemein-
schaftsraum*

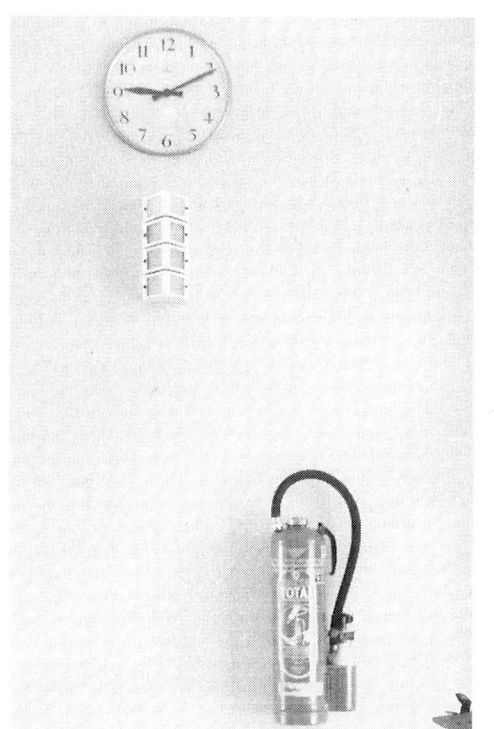

Die Stationsuhr und der Stationsfeuerlöscher auf einem Kinderstationsflur vor und nach der Umgestaltung (Entwurf und Ausführung: Norbert Böll, Würzburg)

Einbauten in einer Schülerbibliothek

Viele der Schülerinnen, die die Realschu-
le im Institut der Englischen Fräulein in
W. besuchen, haben soziale Berufe zum
Ziel. Selten sind Schülerbibliotheken
Orte, die zum Lesen einladen. Stellflä-
chen, Karteikästen und ein Tresen, über
den die Ausleihe abgewickelt wird, be-
grenzen das Interieur auf das Notwen-
digste. Die Überlegungen, die zur Umgestaltung der Schülerbibliothek im Institut der Englischen Fräulein führten,
sollten einen Raum schaffen, der die Bil-
dungsarbeit der Schule unterstützt, zum
entdeckenden Umgang mit Kinder- und
Jugendliteratur anregt, durch Farbe,
Licht und Details eine Ruhezone im

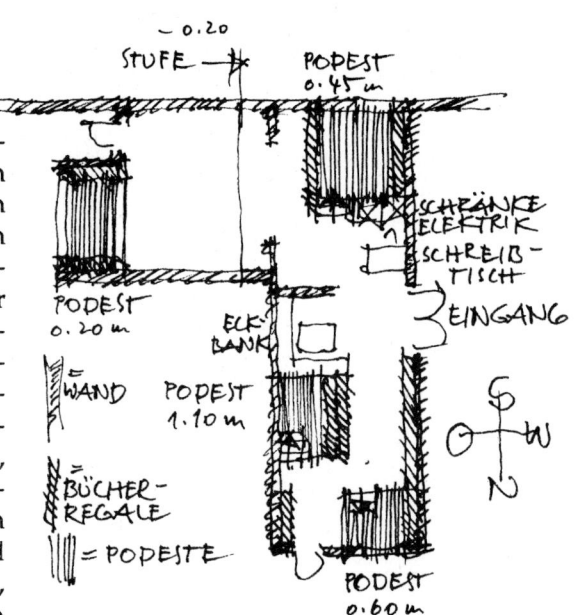

Vom Eingangsbereich führen Wege zu Leseecken

Lesepodeste

Schulbetrieb schafft. Podeste zur Gliederung, Kirschbaumholz, stimmige Farbigkeit, auf das warme Rot des Holzes bezogener resedagrüner Teppichboden und ein entsprechendes Grün an Wand- und Deckenteilen; einige Echtantikfenster innerhalb des gegliederten Raumes und Funktionsgerechtigkeit im Sinne modernen Bibliothekwesens sollten dazu beitragen, das Lesen stärker in den Schulzusammenhang einzubeziehen. Die Grundrißskizze und die folgenden Abbildungen sollen einen Eindruck von der Differenziertheit des Raumes geben. Es ist ein winkelförmiger Raum, im Osten mit einem stufenhohen Podest von 20 cm Höhe für Vorträge, aber auch zum Schmökern auf dem Sofa oder dem Velourteppichboden, der sich durch die ganze Bibliothek erstreckt, versehen. Das Podest in der Ecke, dessen Raumteiler gegen den Vortragsbereich abschließt, hat 40 cm Höhe und kann zu besonderen Anlässen nach links geöffnet werden. Im nördlichen Teil des Raumes sind zwei Podeste. Da die Brüstungshöhe am Fenster 1,40 m beträgt, ist eine 60 cm hohe Ebene eingefügt. Auf die Höhe von 1,10 m führen mehrere Stufen. Einige Mädchen haben den Lagerbereich darunter entdeckt und zur Lesehöhle umgestaltet.

Daß es gelang, für das ganze Holzwerk Kirschbaum zu bekommen, und dazu noch massiv, war ein besonderer Glücksfall. Es ist wohl kein Zufall, daß diese Holzart zu eben der Zeit, als Fröbel die Idee des Kindergartens in Abgrenzung zur älteren, armseligen Kinderbewahranstalt entwickelte, besondere Wertschätzung fand. In seiner Eigenart unterstreicht das Kirschbaumholz, daß die Farbe in der Raumgestaltung eine tragende Bedeutung besitzt, daß unterschiedliche Elemente durch Farbe zu einer Harmonie gebracht werden können, die in solchen Räumen Wohlbefinden ermöglicht. Räume, die dazu verhelfen wollen, müssen Gestalt haben. Sie dürfen weder aufwendig dekorativ noch dürftig sein. Daß Schulhäuser nach den vielen Jahren bemühter Reform solche Orte nicht allgemein besitzen, daß schrille und grelle Farbigkeit dominiert, wo mehr als puristischer Funktionalismus gewollt ist, ist schwer zu begreifen.

Werktechnische Hinweise

Bevorzugte Holzarten

Weichhölzer wie Kiefer, Fichte, Tanne oder Lärche eignen sich für Einbauarbeiten am besten.

Fichte:
weiches Holz, leicht zu verarbeiten, ruhige Struktur, am Anfang hell, dunkelt gelb-braun nach.

Kiefer:
etwas härter als Fichte, viele Äste, lebendige Struktur und Farbe, mehr Braun- und Rottöne, dunkelt ins Rotbraune nach.

Lärche:
härtestes der Weichhölzer, ruhige Struktur, rotbrauner warmer Farbton; für den Laien nicht immer leicht zu verarbeiten, weil sich das Holz gelegentlich verwindet und splittert.

Weichhölzer sind im Gegensatz zu Harthölzern (Eiche, Buche) leicht zu bearbeiten; sie sind preisgünstig, und mindestens eine Art ist in jedem Falle im Holzhandel erhältlich. Es empfiehlt sich die Kombination von Fichtenbalkenkonstruktion, die farbig behandelt werden kann, und Kiefernbohlen, -brettern und -riemen, die im Naturton bleiben und eine Stärke von 10 bis 40 mm je nach gewünschter Belastbarkeit haben.
  Die Länge von Dielen, Brettern und Riemen ist unterschiedlich und liegt im Handel bis ca. 5,00 m, die Breite zwischen ca. 8 und 24 cm. Durch Nut und Feder wird die Stabilität der Verbretterung einer freistehenden Wand beträchtlich erhöht.

Technologische Anmerkungen zum Holz: Holz ermöglicht seiner verhältnismäßig schnell erlernbaren Bearbeitbarkeit wegen die Umgestaltung räumlicher Situationen. Seine Eigenart kennenzulernen bedeutet, pädagogische Erfordernisse auf das, was es leisten kann, abzustimmen und dabei die eigene gestalterische Betätigungskraft realistisch einzuschätzen. Wenn an Podeste, Regale, Sitzbänke und ähnliches gedacht wird, kommt der Belastbarkeit derselben besondere Bedeutung zu, der Stabilität unterschiedlicher Querschnitte, abgesehen von Entscheidungen zum Einsatz der Werkzeuge und Maschinen.

Hirnholz unterscheidet sich von Langholz, der Kern vom Splint.
  Das Seitenbrett hat die Tendenz, auf der linken Seite hohl zu werden, während es sich auf der rechten Seite rundet, weil die Splintseite eines Brettes größere Poren hat als die Kernseite und darum schneller trocknet. Der helle Splint liegt als jüngere Schicht um den älteren dunkleren Kern des

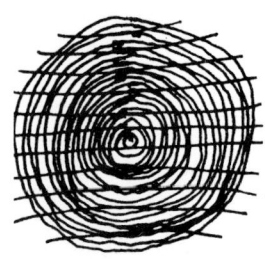

TENDENZ ZUR KRÜMMUNG VON BRETTERN NACH DEM SÄGEN EINES STAMMES

Baumstammes. Das Farbspiel zwischen Splint- und Kernholz trägt zur Lebendigkeit des Holzes bei.

Holz reißt bei zu schnellem Trocknen, besonders, wenn die Rinde am Stamm nicht abgeschält worden ist.

Die Lagerung der Hölzer bis zur Verarbeitung erfolgt in trockenen Räumen und auf trockener Unterlage, möglichst durch Querhölzer abgehoben vom Boden und mit Leisten zwischen jeder Bretterlage, um luftig zu trocknen. Dadurch wird das Werfen und Verwinden der Hölzer verhindert.

Holzpreise sind sehr unterschiedlich – deshalb lohnt es sich immer, mehrere Angebote einzuholen. In der Regel ist Fichte am billigsten.

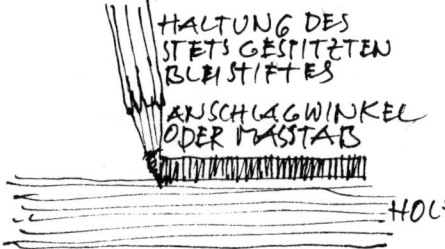

MESSEN UND ANZEICHNEN
HALTUNG DES STETS GESPITZTEN BLEISTIFTES
ANSCHLAGWINKEL ODER MASSTAB
HOLZ

Holzquerschnitte

Ausschlaggebend für den Holzquerschnitt sind die Raumgröße, die Belastung und die Spannweite. Deshalb kann kein Einheitswert zugrunde gelegt werden. Wir haben die Erfahrung gemacht, daß jeder Mensch ein recht realistisches Empfinden für Stabilität und Belastbarkeit hat.

Die angegebenen Querschnitte können einen Anhaltspunkt geben:

Kanthölzer 6/8 bis 8/12 für Stützen und Lager

Nut- und Federbretter 19 bis 24 mm stark, beliebig breit für Fußböden und Zwischenwände

dünne Bretter, 12 bis 14 mm für Wandverkleidungen

Bohlen, 3,5 cm stark, 20 bis 25 cm breit für Bänke, Regale, Schränke, Treppen, Tischplatten

Dachlatten gehobelt z.B. für Fußbodenleisten

Dachlatten ungehobelt für Unterkonstruktionen

geleimte Platten etwa 2,5 bis 3 mm stark, 50 bis 70 cm breit für Sitzbänke, Arbeitsplatten, usw.

Zur Herstellung von Holzverbindungen

Holzverbindungen für Podeste, Sitzgelegenheit (Bänke), Treppen oder Wangen, für Tischplatten oder Regale, usw. sollten wo möglich nur in Holz ausgeführt werden, nicht mit Metall (Eisenwinkel, Schrauben, Schloßschrauben, Spax, usw.), es sei denn, Zeit- oder Raumnot zwingen dazu.

Einige Holzverbindungen, die sich zum Zusammenfügen von Balken für Stützen und Lagerhölzer anbieten und Hinweise zur genauen Gestaltung:

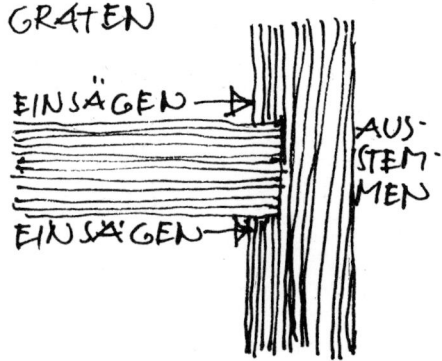

GRATEN
EINSÄGEN
EINSÄGEN
AUSSTEMMEN

ZAPFEN

ZAPFLOCH
AUS-
STEMMEN

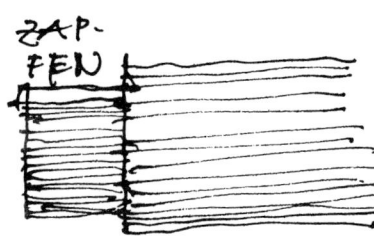

ZAP-
FEN

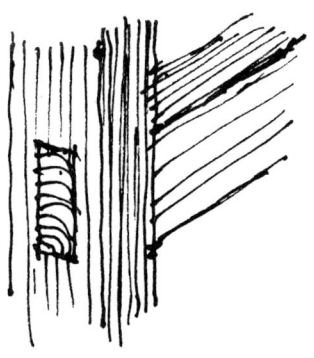

Das Hobeln, Raspeln, Schleifen

Wenn die Hölzer, die bei Einbauprojekten in Kindertagesstätten verwendet werden, gehobelt sind, erübrigt es sich, Handhobelmaschinen einzusetzen. Sie erfordern größte Vorsicht und sachkundige Anleitung. Schlichthobel und Rauhbank reichen aus. Besonders rauhe Stellen, z.B. an Sitzflächen und Kanten, an denen beim Gebrauch Verletzungsgefahr bestünde, weil sie zum Anfassen und Anhalten auffordern, werden geglättet und leicht gerundet.

Wie das Hobeln ist auch das Raspeln selten notwendig. Mit beiden Händen wird die Raspel an Griff und Spitze gehalten. Wenn möglich, wird von oben nach unten gearbeitet. Leichte Stücke, die nicht durch ihr Eigengewicht am Ort bleiben, werden am besten von einem Helfer gehalten oder in die Zange der Hobelbank bzw. mit Zwingen eingespannt.

Wünschenswert ist, daß alles Material vor dem Einbau durchgeschliffen wird. Besonders nach Abschluß der Einbauarbeiten sollte vor der Nutzung durch die Kinder und Erwachsenen jedenfalls im Greif- und Sichtbereich das Holz geschliffen werden. Am einfachsten geschieht das mit der Hand; direkt, wenn es sich um das Brechen von Kanten oder stärkeres Runden handelt, weil die Hand mit ihrer konvexen Gestalt selbst dazu am besten geformt ist, oder mit dem Schleifklotz. Man beginnt mit dem groben Flintpapier (Körnung 150), geht zu mittlerem (110) und schließlich zu feinem (70) über.

Bei ebenen Flächen ist die Bandschleifmaschine nützlich, z.B. wenn mit der Feinsäge abgeschnittene Dübel sauber geglättet werden sollen. Zum Säubern großer Flächen eignet sich auch der sogenannte Rutscher.

Beim Hobeln, Raspeln und Schleifen muß die Faserrichtung des Holzes beachtet werden:

Das Sägen

Vor dem Gebrauch der Sägemaschine sollte Sicherheit im handwerklichen Sinne bestehen.

Die Kreissäge – Tischkreissäge, Handkreissäge oder Kappsäge – ist für größere Einbauvorhaben wünschenswert, besonders bei sich wiederholenden Arbeitsgängen, wie z.B. beim Ablängen von Riemen für Holzwände.

Unter den Handsägen sind die Gestellsägen sicherer zu führen als der Fuchsschwanz oder die Feinsäge.

Leicht soll das Sägeblatt durch das Holz gleiten. Durch Aufdrücken beim Sägen wird der Schnitt schief. Druck wird nur soweit auf das Holz ausgeübt, daß es auf der abgewandten Seite nicht splittert.

Außerhalb der Bleistiftlinie soll gesägt werden. Die Säge ist so lang als möglich durch das Holz zu ziehen und zu schieben, wobei sich die Wirkung beim Schieben einstellt.

Aufs Ende zu wird vorsichtig und ohne Druck gesägt. Eventuell dreht man das Holz und sägt es erst dann vollends durch, weil es sonst einreißt und splittert.

Zum Ansägen – bei den ersten Schnitten – der Säge durch Daumenknöchel Führung gewähren.

Das Schrauben

Seit der Vermarktung von Kreuzschlitzschrauben, sogenannten Spax, die sich mit Hilfe von Bits (Einsätzen in Bohrmaschinen) mühelos verwenden lassen, sind die konventionellen Schrauben mit ihrer umständlichen und schmerzhaften Handhabung, aus der Mode gekommen. Das gilt weitgehend auch für Nägel.

Ist ein Brett an einem Tragholz zu befestigen, wird mit einem Holzbohrer vorgebohrt und die Schraube mit Bit in der Bohrmaschine eingezogen. Dabei sollte der Gewindeteil der Schraube mindestens in ein- bis anderthalbfacher Brettstärke ins Holz eindringen.

Um den Schraubenkopf zu kaschieren, was besonders in Sichthöhe wünschenswert ist, kann mit stärkerem Bohrer vorgebohrt und das Loch durch einen Holzdübel geschlossen werden.

Dem Bohren mit der elektrischen Bohrmaschine sollte das Üben des Bohrens mit der Handbohrmaschine bzw. der Bohrwinde vorangehen.

QUERSCHNITTE

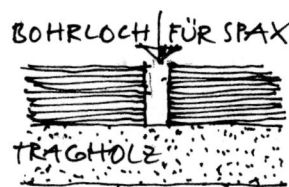

BOHRLOCH FÜR SPAX

TRAGHOLZ

BUCHEN-DÜBEL

VERDECKT

Das Dübeln

Etwas langwieriger, aber materialgerechter als mit Schrauben sind punktuelle Verbindungen von Brettern oder Balken durch Holzdübel herzustellen. Mit dem Eisenhammer wird der mit Holzleim eingestrichene Dübel in das Bohrloch hineingetrieben, gegebenenfalls mit einer Zwinge bis zum Trocknen des Leims gehalten und dann mit einer Feinsäge der überstehende Teil abgesägt.

Das Nageln

Das Nageln, ursprünglich bei Einbautenaktionen die häufigste Art der Konstruktion, ist weitgehend durch das Dübeln und Schrauben abgelöst worden. Beim Verbrettern von Wänden oder Raumteilern wird es »verdeckt« angewendet. Der Nagel wird dazu schräg, zunächst frei, dann mit Senkstift in die Feder eingeschlagen.

Wenn Bretter stumpf zusammengenagelt werden sollen, werden die Nägel etwas schräg gegeneinander angesetzt. Zuvor ist es notwendig, die Nagelspitzen zu stauchen, damit das Holzende nicht durch die keilende Wirkung des Nagels springt.

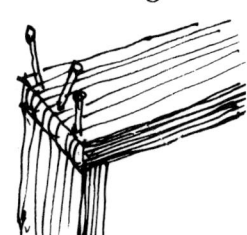

Werkzeugliste für ein Einbautenseminar

Werkzeugliste für ein Einbauten-Projekt mit 15 Teilnehmern.

Der Bestand für ein Projekt, an dem etwa 15 Teilnehmer mitarbeiten, sollte umfassen:

je 15 Maßstäbe, Bleistifte, Messer, Anschlagwinkel
20 Hämmer von unterschiedlicher Schwere, darunter Zimmermannshämmer
3 Baumsägen
5 Gestellsägen
10 Fuchsschwänze, Feinsägen, Stichsägen
2 Schneid-(Gehrungs-)laden
20 Stecheisen, sortiert, Schneidbreite zwischen 1 und 3 cm
3 Holz- bzw. Gummihämmer
1 Schmiege
5 halbrunde Raspeln, grob
1 Bohrwinde
25 eiserne Schraubzwingen sortiert bis 1 m Spannweite
3 Abziehsteine
5 Schleifklötze

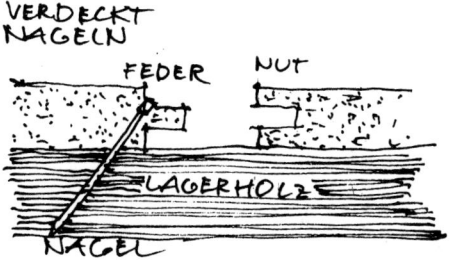

BRETTER MIT NUT UND FEDER OHNE PROFILE UND OHNE FASEN

VERDECKT NAGELN

FEDER   NUT

LAGERHOLZ

NAGEL

5 Zangen
1 Schrubbhobel
5 Schlichthobel
1 Rauhbank
5 Schraubenzieher von unterschiedlicher Breite
div. Leimpinsel
div. Packungen Nägel von 3 bis 15 cm Länge
Spaxschrauben von 4 bis 15 cm Länge
div. Packungen Fischerdübel und Schrauben
Dübelstäbe 6/8/10 mm stark, 1 m lang aus Buchenholz
Flintpapier unterschiedlicher Körnung (70/110/150)

Holzleim in Dosen und Tuben
mehrere Hobel- oder feste Werkbänke.
Tische oderBöcke genügen ersatzweise zum Auflegen der Hölzer beim Sägen, Stemmen, usw.
5 Bohrmaschinen elektr., mit div. Holz-, Steinbohr- und Biteinsätzen
2 Kreissägen auf Untergestell
5 Handkreissägen
3 Bandschleifmaschinen
2 Handhobelmaschinen
Besen, Handfeger, Schaufeln, Eimer, Lappen
div. Kabel, Anschlüsse, Mehrfachstekker, Kabeltrommeln

Literatur

Abt, U.: Kind und Wohnen, Stuttgart 1972

Arbeitsgruppe Vorschulerziehung: Anregungen für die Vorschulerziehung, 3 Bde., München 1973 ff.

Aries, P.: Geschichte der Kindheit, München 1975

Ausubel, D.P./Sullivan,, E.V.: Das Kindesalter, München 1974

Baacke, D.: Die 6–12jährigen. Einführung in Probleme des Kindesalters, Weinheim/Basel 1984

Bandura, A./Walters, R.H.: Social Learning and Personality Development, New York 1963

Barthes, R.: Mythen des Alltags, Frankfurt/M. 1964

Bengtson, A.: Ein Platz für Kinder, Plädoyer für eine kindgemäße Umwelt, Wiesbaden/Berlin 1971

Bergengruen, W.: Der dritte Kranz, Zürich 1962

Bettelheim, B.: Der Weg aus dem Labyrinth, Leben lernen als Therapie, Stuttgart 1975

Bettelheim, B.: Der Einfluß der Umwelt auf die Entwicklungen des Kindes, in: Burckhardt, L. (Hrsg.) .... und wie wohnst Du?, Berlin 1980

Boesch, H.: Kinderleben in der deutschen Vergangenheit. Monographien zur deutschen Kulturgeschichte, Leipzig 1900

Bollnow, O.F.: Mensch und Raum, Stuttgart 1963

Bronfenbrenner, U.: Ökologische Sozialisationsforschung, Stuttgart 1976

Burckhardt, L.: (Hrsg.): Kindertagesstätte – erste Begegnung mit der organisierten Umwelt, Berlin/Internationales Design Zentrum, 1976

Conrads, U.: Architektur, Spielraum für Leben, München 1972

Dengler, E. u.a.: Kinderkrankenhaus – Krankenhaus des Kindes? in: Kindheit, (2) 1980, S. 181 ff.

Dessai, E., (Hrsg.): Wohnen mit Kindern – heute und morgen, Frankfurt/M. 1986

Dirx, R.: Das Kind, das unbekannte Wesen. Geschichte, Soziologie, Pädagogik, Hamburg 1964

Elias, N.: Über den Prozeß der Zivilisation. Soziogenetische und psychogenetische Untersuchungen, 2 Bde., Frankfurt/M. 1976

Engelbert, A.: Kinderalltag, familiale und ökologische Bedingungen, in: Zeitschrift für Sozialisationsforschung und Erziehungssoziologie, 1982, 2, S. 207 ff.

Erikson, E.H.: Identiät und Lebenszyklus, Frankfurt/M. 1973

Erning, G.: Bilder aus dem Kindergarten, Freiburg 1987

Flade, A.: Kind und Umwelt, 3 Beiträge, Fernuniversität Hagen, Arbeitsbereich Psychologie, Bericht Nr. 20, Hagen 1984

Flosdorf, P. u.a.: Heimerziehung – Heimplanung, Darmstadt 1974

Gadamer, H.-G. (Hrsg.): Der Mensch ohne Hand oder die Zerstörung der menschlichen Ganzheit. Ein Symposium, München 1979

Gidion, S.: Die Herrschaft der Mechanisierung, Frankfurt/M. 1982

Goethe, J.W.: Farbenlehre. Mit Einleitungen und Kommentaren von Rudolf Steiner, 3 Bde., Stuttgart 1979

Graefe, O.: Versuche über visuelle Formwahrnehmung im Kindesalter, in: Psychologische Forschung, 27, 1963, S. 177 ff.

Groh, M. u.a.: Ein Weg zum kindgerechten Wohnhaus, Wien 1987

Gronemeyer, R./Bahr, H.-E.: Nachbarschaft im Neubaublock, Weinheim 1977

Grossmann, W.: KinderGarten. Eine historisch-systematische Einführung in seine Entwicklung und Pädagogik, Weinheim/Basel 1987

Hall, E.T.: Die Sprache des Raumes, Düsseldorf 1976

Hardach-Pinke, I./Hardach, G. (Hrsg.): Kinderalltag. Deutsche Kindheiten in Selbstzeugnissen 1700–1900, Reinbek 1981

Hart, R.: Childrens' Experience of Place, New York 1979

Hengst, H. (Hrsg.): Kindheit in Europa. Zwischen Spielplatz und Computer, Frankfurt/M. 1985

Hentig. H.V.: Die Menschen stärken, die Sachen klären, Stuttgart 1985

Ittelson, W.H. (Hrsg.): Einführung in die Umweltpsychologie, Stuttgart 1977

Kaschnitz, M.L.: Orte, Frankfurt/M. 1973

Korczak, J.: Das Recht des Kindes auf Achtung, Göttingen 1980

Kükelhaus, H.: Unmenschliche Architektur, Köln 1973

Kükelhaus, H.: Organismus und Technik, Frankfurt/M. 1979

Kunze, Reiner: Die wunderbaren Jahre, Frankfurt/M. 1976

Kruse, L.: Räumliche Umwelt, Berlin/New York 1974

Lang, S.K.: Die geisteswissenschaftliche, ikonografisch/ikonologische und strukturalistische Methode der Bildbetrachtung, Braunschweig 1982

Lippitz, W./Meyer-Drawe, K.: Kind und Welt, Königstein/Ts. 1984

de Mause, L. (Hrsg.): Hört ihr die Kinder weinen? Eine psychogenetische Geschichte der Kindheit, Frankfurt/M. 1977

Mahlke, W.: Mut zum Leben – Mut zum Lernen, Ästhetische Prämissen, in: Erziehen als Beruf, hrsg. v. W.Adam u.a., Würzburg 1987, S. 185 ff.

Mahlke, W.: Töpfern, Lehmofenbau, Brennen, Donauwörth 1982

Mahlke, W.: Räumliche Gestaltungsmöglichkeiten im Kindergarten, in: Schüttler-Janikula, K. (Hrsg.): Handbuch für Erzieher in Krippe, Kindergarten, Vorschule und Hort, Landsberg 1988

Mahlke, W./Schwarte,. N.: Wohnen als Lebenshilfe, Arbeitsbuch zur Wohnfeldgestaltung in der Behindertenhilfe, Weinheim/Basel 1985

Maurer, F.: Räumliche Umwelt und Identität, in: Loch, W. (Hrsg.): Lebensform und Erziehung, Essen 1983, S. 27ff.

Mitscherlich, A.: Die Unwirtlichkeit der Städte, Frankfurt/M. 1965

Mollenhauer, K.: Vergessene Zusammenhänge. Über Kultur und Erziehung, München 1983

Moog, W.: Die entwicklungspsychologische Bedeutung von Umweltbedingungen im Säuglings- und Kleinkindalter, Berlin 1973

Muchow, M./Muchow, H.: Der Lebensraum des Großstadtkindes, Hamburg 1935

Mugglin, G./Trachsel, A.: Spielräume – Spielplätze, Zürich 1972

Müller, H.-U.: Wo Jugendliche aufwachsen, München 1983

Postman, Neil.: Das Verschwinden der Kindheit, Frankfurt/M. 1987

Schievelbusch, W.: Lichtblicke, zur Geschichte der künstlichen Helligkeit im 19. Jahrhundert, Frankfurt/M. 1986

Schneewind, K.A./Beckmann, M./Engfer, A.: Eltern und Kinder, Umwelteinflüsse auf das familiäre Verhalten, Stuttgart 1983

Schlumbohm, J. (Hrsg.): Kinderstuben.

Wie Kinder zu Bauern, Bürgern, Aristokraten wurden 1700–1850, München 1983

Stone, J./Church, J.: Kindheit und Jugend. Einführung in die Entwicklungspsychologie, 2 Bde., Stuttgart 1979

Strauß, M.: Von der Zeichensprache des kleinen Kindes, Stuttgart, ²1977

Tucholsky, K.: Zwischen Gestern und Morgen, Reinbeck 1961

Waldenfels, B.: Heimat in der Fremde, in: ders.: In den Netzen der Lebenswelt, Frankfurt/M. 1985, S. 194ff.

Weber-Kellermann, I.: Die Kindheit, eine Kulturgeschichte, Frankfurt/M. 1979

Winnicott, D.: Reifungsprozesse und fördernde Umwelt, München 1984

Zeiher, H.: Die vielen Räume der Kinder. Zum Wandel räumlicher Lebensbedingungen seit 1945, in: Preuß-Lausitz, U., u.a. (Hrsg.): Kriegskinder, Konsumkinder, Krisenkinder, Weinheim/Basel 1983

Zinnecker, J.: Straßensozialisation. Versuch, einen unterschätzten Lernort zu thematisieren, in: Zeitschrift für Pädagogik, 1979, S. 727ff.

Handbücher für die Arbeit im Kindergarten

Rose Götte
Sprache und Spiel im Kindergarten
Handbuch zur Sprach- und Spielförderung mit Jahresprogramm und Anleitungen für die Praxis.
6. Auflage. 247 Seiten.
Pappband. DM 32,–
ISBN 3-407-62019-5

»Die gelungene Verbindung von Spielen und Lernen, die Vielseitigkeit der Vorschläge sowie der realistische theoretische Ansatz machen das Buch zu einer wahren Fundgrube für die kindgerechte Kindergartenarbeit.«
Sozialpädagogische Blätter

Evelyn B. Hardey
Kinder turnen mit Vergnügen
Übungen und Spiele zur Körperschulung. 3. Auflage. 96 Seiten.
Broschiert. DM 22,–
ISBN 3-407-62009-8

»Für Vor- und Grundschule ist hier ein ausgiebiges Reservoir altersgemäßer turnerischer Möglichkeiten gegeben, dessen wechselnde Impulse und originelle Einfälle die Kinder in gelöster Atmosphäre in frühe Körperschulung einführen.«
Monatshefte für die Unterrichtspraxis

Naegele / Haarmann (Hg.)
Darf ich mitspielen?
Kinder verständigen sich in vielen Sprachen – Anregungen zur interkulturellen Kommunikationsförderung. 127 Seiten.
Broschiert. DM 24,–
ISBN 3-407-62096-9

Diese Sammlung von über 100 Spielen, Liedern, Reimen, Fingerspielen etc. (viele in mehrsprachigen Fassungen) ist vor allem für das Zusammenleben und das gemeinsame Lernen deutscher und ausländischer

Kinder in Kindergärten, Vorklasse, Eingangsstufe, Grundschule und in außerschulischen Fördereinrichtungen hilfreich.

Seels / Carozzi
Farbschlachten und Tongetüme
Malen und plastisches Gestalten mit Vorschulkindern. 170 Seiten.
Broschiert. DM 29,80
ISBN 3-407-62094-2

»Dieser Erfahrungsbericht ist so hautnah lebendig, humorvoll und anregend geschrieben, daß er sicher nicht nur Erzieherinnen zum freien bildnerischen Gestalten mit Kindern Mut macht, sondern in jedem Leser die Lust weckt, selbst etwas auszuprobieren … Ein rundum gelungenes Buch über künstlerische Aktivitäten mit Kindern.«
ekz-Informationsdienst

Thomas / Feldmann
Die Entwicklung des Kindes
275 Seiten. Pappband. DM 44,–
ISBN 3-407-54159-7

Dieses Lehrbuch stellt die wichtigsten Ansätze vor, die sich mit der Entwicklung des Kindes befassen. Übersichtliche Tabellen ermöglichen vergleichende Gegenüberstellungen der einzelnen Ansätze.

Ulich / Oberhuemer (Hg.)
Es war einmal, es war keinmal…
Ein multikulturelles Lese- und Arbeitsbuch. 254 Seiten.
Broschiert. DM 39,80
ISBN 3-407-62090-X

Aus dem Inhalt: Traditionelle Märchen und moderne Geschichten für unterschiedliche Altersstufen; Bilder und Bildergeschichten von ausländischen Künstlern; praktische Anregungen mit

Spiel- und Gestaltungsideen; ausgewählte Erzähltexte in der jeweiligen Landessprache – für ausländische Familien und für neue Formen der Elternarbeit.

Ulich / Oberhuemer
Der Fuchs geht um… auch anderswo
Ein multikulturelles Spiel- und Arbeitsbuch. 362 Seiten.
Broschiert. DM 48,–
ISBN 3-407-62097-7

»Das Buch ermöglicht der Kindergärtnerin einerseits, die Traditionen von ausländischen Familien in aufwertender Weise aufzunehmen und so das Selbstbewußtsein der Kinder zu unterstützen, andererseits auch für deutschsprachige Kinder Schranken zu öffnen und ihnen den Zugang zu ausländischen Spielkameraden und deren Familien zu erleichtern.«
Kindergarten

Helga Zitzlsperger
Kinder spielen Märchen
Schöpferisches Ausgestalten und Nacherleben. 2. Auflage. 197 Seiten. Broschiert. DM 34,–
ISBN 3-407-62035-7

Volksmärchen, oft als grausam abgelehnt, besitzen eine hohe symbolische Aussagekraft, die eine sinnvolle Deutung ermöglicht. Märchen offenbaren z. B. frühes archaisches Denken, das mit Beobachtungen am Kind verglichen werden kann. Das Buch setzt sich mit diesen Gedanken auseinander. An 9 interpretierten Märchen werden Vorschläge zum kreativen Gestalten gemacht.

Beltz Verlag, Postfach 10 01 54,
6940 Weinheim
Preisänderungen vorbehalten

88021-8.12 -36,37